会社では教えてもらえない

残業ゼロの人の
段取りのキホン

伊庭正康 Iba Masayasu

すばる舎

はじめに

「これからは、もっと早く帰るように！」

あなたの職場でも、そう言われることが増えていませんか？

一方で、現場は、ますます忙しくなるばかり。

仕事をほったらかして早く帰るわけにもいきません。

「言うのは簡単だけど、やるのは難しい！　もっと、人を増やしてよ！」と言いたくもなります。


でも、そう簡単に人を増やせないのも会社の事情。

そうなると、本当にどうすれば良いのか、と思ってしまいます。


実は、答えが1つだけあります。

その答えは「段取り力」を高めることです。

今、私は、企業で「短時間で成果を出す営業手法、チーム作り」等をテーマとした研修を提供しています。

研修先で気付くのは、「段取り」＝「さばく速度を速くする」と考えている人が多いということです。

段取りとは、速くメールを打つ、速く入力をする、といったことではありません。

動作を速くするといったレベルのことではないのです。

では、段取りとは、何なのか？

そんなことから、しっかりと解説したのがこの本です。

気を付けたことがあります。あいまいな表現や、学術的な理屈の解説は省きました。

この本の目的を「実践していただくノウハウの仕入れ」とおいているためです。

その代わり、これほど具体的な解説はない、というくらいに解説したつもりです。

ゆえに、ご自身だけではなく、段取りに課題を持つ部下や後輩がいるならば、ぜひ、この本を使っていただければと思います。

全部をする必要はありません。1つでも2つでも結構です。

それだけでも、大きく変わると自負しております。
では、さっそく参りましょう！　段取り力アップの世界へ！

（株）らしさラボ　伊庭正康

第1章 頑張っているのに、いつもバタバタ、ギリギリ…

第2章 まずはここから始めたい段取りのキホン

第3章

どんな仕事も余裕で終わるスケジュールの極意

第4章

1分たりともムダにしない! 時間の使い方

第5章 これで仕事もプライベートもうまく回る！

カバーデザイン　小口翔平＋岩永香穂（tobufune）
本文デザイン・図版　松好那名（matt's work）
イラスト　村山宇希

第 1 章

頑張っているのに、いつもバタバタ、ギリギリ…

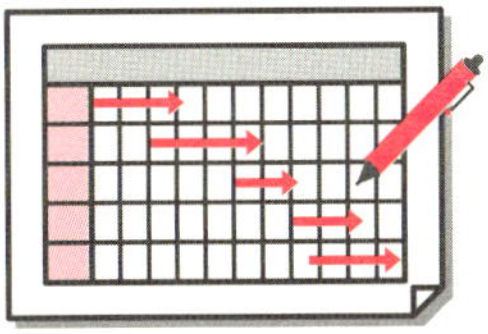

Basic works of planning

Basic works of planning

1

残業ゼロで結果を出す人はここが違う！

！

やるべきことが絞れているので、
ムダがない

作業スピードが速い？　使う道具が違う？

職場にスーパーマンのような人っていませんか？

尋常じゃない業務量を抱え、さらにプラスアルファの仕事が降りかかってきても動じず、その上、自らがそれ以外の仕事を創り出す、そんな人。

どんな魔法があるのかと思ってしまいます。

でも、よく観察すると、すぐにわかることがあるのです。

多忙でも余裕を見せるそんな人たちに共通しているのは、ただ1つ。

「段取り」が良い、ということ。

でも、思いませんか？　そもそも、「段取り」って、どういうことって。

辞書を見ると、実にわかりやすく書かれています。

段取りとは、「事を運ぶための順序。事がうまく運ぶように、前もって手順をととのえること」（大辞林）なのだと。

なるほど、段取りが良いというのは、決して手帳にキレイな付箋を使ったり、便利なアプリを探すことではないことがわかります。

ましてや、ひたすら業務のスピードを速くすることでもなさそうです。

つまり、**段取りとは、「先を読んだ行動ができる」ことを指す**のです。

では、段取りの良い人と段取りの悪い人を比較してみましょう。

会社の忘年会を企画する幹事に任命されたシーン。

段取りの悪い人は、図の右のような感じ。すぐに動いているので、速いといえば速いのですが、結果はイマイチです。

次に、左側の段取りの良い人を見てみるとどうでしょう。

手順の違いに着目してみてください。

いかがでしょう。最初の一歩から違いますよね。

どんな状況でも、彼らが動く時の第一歩は、「何を目的とおくか」です。

段取りの良い人、悪い人の差は…

段取りの良い人	段取りの悪い人

幹事を任される

段取りの良い人	段取りの悪い人
上司に目的確認	自分で解釈
「社員同士の 会話を増やす」なら 立食形式！	駅前の 居酒屋チェーン店なら 無難…

「最初の一歩」で、
結果はまるで違ってくる！

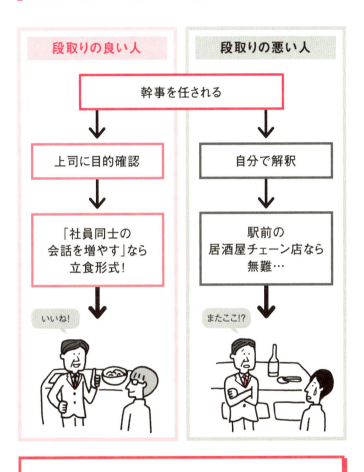

この忘年会は、目標の達成を労うためなのか、みんなでバカ騒ぎをするためなのか、それとも会話を重視するのか。

ここをハズすと、「やり直し」になることを彼らは知っているのです。

だから、彼らは上司に「狙い」を確認するわけです。

もし、「たくさんの人と会話をする」ことが上司の「狙い」だとしたら、立食形式のほうが良いかもしれないし、中華の円卓かもしれない。少なくとも席が固定されるコース料理ではないことはわかります。

「先を読んだ行動」ができるかどうか

そして、次のステップです。

彼らは、どんな時でも、「複数の選択肢」を挙げた上で、「最適な案」を選びます。

上司からの「他になかったの？」「本当にそれがベスト？」の疑問にも対応できるのは、このためです。

実際に、彼らが上司に提案する時は、こんな感じです。

「交流を図ることを優先し、〝立食形式〟で考えてみました。

実は、3つの案を考えました。1つ目は円卓を囲む中華、2つ目は居酒屋、3つ目はこの立食です。

立食だと席に固定されず、日ごろ交流のない人との偶然の出会いもアレンジしやすいと考えました。いかが思われますか？」

と。こう提案されると上司も納得です。


もう、わかりましたよね。**段取りの良い人というのは、速いスピードで手際良く作業を処理する人ではありません。**

段取りが良いとは、このように、目的を考え、確実な達成に導くため、「先読み」をした手順を踏むことを指すのです。

Basic works of planning

2

スケジュールを埋めるほど余裕が生まれる不思議

!

いつもバタバタしている人ほど
手帳が真っ白

「ここが空いている」とわかるとラクになる

わざわざスケジュールを立てなくても、今までは何とかやってこられたけれど、気が付けば残業が多くなってしまったり、さらには相手を待たせてしまっている……。そんなことが増えてきていませんか。

忙しい日常においても、時間に振り回されない人になるためには、逆に「先々のスケジュールを決める」ことです。

でも、わざわざ計画を立てるなんて面倒くさい。今まで通り、なんとかなるだろうと思っている人もいるかもしれません。

この気持ち、わかります。白状しますと、私も新人の頃は、全く予定を決めませんでした。自分を忙しくするのが嫌だったからです。

でも、気付いたのです。

先々までしっかりと予定を組まないから、時間に忙殺され、その結果として有給休暇も消化できず、相手を待たせてしまっていたのだ、と。

自分の自由を確保するためには、絶対に先々の予定まで決めることです。

たとえば「ここで有休をとって旅行に行こう」「ここはコンサート」など、数カ月先まで予定を決めてしまえば、それが自由を確保することと直結しますし、時間に追われることはなくなります。

このように、**段取りの良い人は、忙しいからこそ、先々の予定を決めることで、自分の時間を確保している**のです。

早めに予定を決めて、前もって伝えておけば、周りの人にも迷惑はかかりません。

逆に、「今は忙しいから休める状態になったら考えよう……」と思っていたりすると、結局いつまでたっても旅行に行けないという状況になってしまいます。

そして、もう1つ。左のメールのような〝やりとり〟も段取りの良い人の特徴です。

この例は、実際の雑誌記事でのやりとりですが、このように今後のステップを明確にすることで、自分だけではなく、相手も段取りを組みやすくなります。

もし、今後のステップを明確にしていないと、相手はストレスを感じてしまっているかもしれませんので、すぐに改善されることをオススメします。

先々の予定がわからないと相手は不安になる

■ 段取りの悪い人のメール

先日は、取材ありがとうございました。
記事ができあがりましたら
メールをさせていただきます。

ご不明点やご要望等ございましたら
お知らせください。

記事完成までの
流れがわからない…

■ 段取りの良い人のメール

2月3日：初校出し
　※一度ゲラに目を通していただきますよう
　　お願いいたします（4ページ）
　※修正があれば、ここでおっしゃってください
2月10日：校了
2月25日：掲載誌お届け

ご不明点やご要望等ございましたら
お知らせください。

2月3日は
予定を空けておこう

今後のステップを明確にすることで、
自分だけでなく、相手も段取りを考える

Basic works of planning

3

目の前の仕事にすぐ飛びつかない

!

着手する前に、ひと呼吸!
5時間後の自分を想像する

「入ってきた順番」と優先順位はイコールではない

最終局面になってから、バタバタすることはないですか。

それって、実は「目の前のタスクにすぐに飛びついてしまう」ことが原因かもしれません。


段取り上手な人は、すぐに飛びつきません。あえて、ひと呼吸します。

なぜだと思いますか?

「業務があふれる」ことを危惧しているからです。

後先を考えずに飛びつくと、必ず「タスク」があふれ出します。

彼らはここをしっかりとイメージしているのです。


もし着手しそうになったら、彼らのように〝ひと呼吸〟してみてください。

そして、着手する前に、それをやることで時間オーバーにならないかをじっくりと考えてほしいのです。

もし、時間がオーバーするようなら、潔くスパッと後回しにするわけです。

ついでに、もう1つ。

1日の予定を立てずに、いきなりパソコンを立ち上げ、書類を作成することも避けたいところ。

この場合も、必ず業務があふれるからです。

まず、今日は何をする日なのか、何時間かかるのかを確認した上で、順序をつけてから作業に入りましょう。

さらに、こう言い聞かせてみるのも良いかもしれません。

「今の自分はそれで良いかもしれないけど、5時間後の自分に迷惑をかけるかも」と。

先の自分をイメージすると、より着手に慎重になれるでしょう。

入ってきた仕事に反射的に手をつけると…

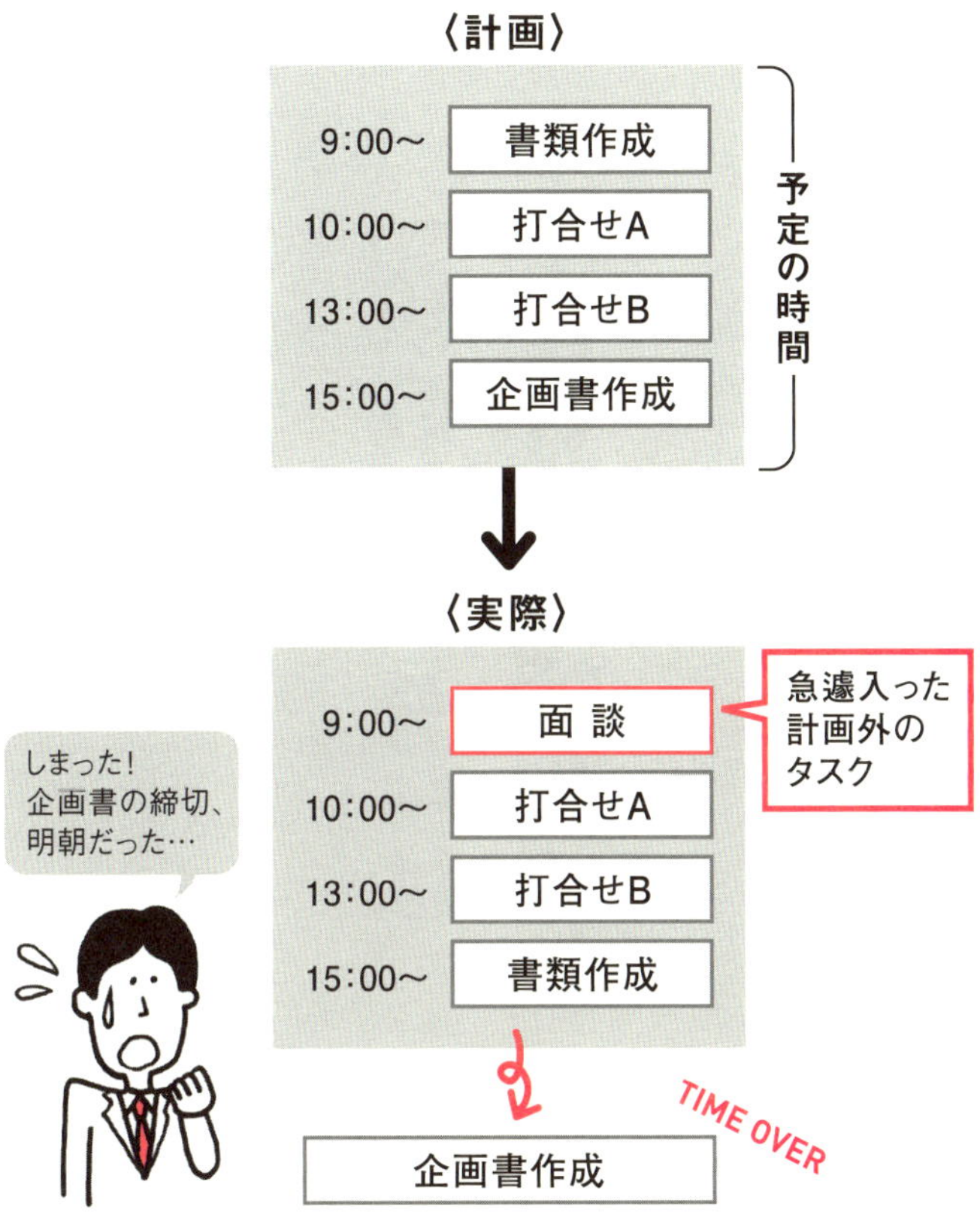

**その仕事をするせいで
時間オーバーにならないか考える**

Basic works of planning

4

「段取り八分」はやはり真理だった

!

時間は有限!
パズルのように予定を組む

焦って手を出す前に、全体把握。結局それが最短

いったん作業を始めると、目の前のことに一生懸命になってしまうもの。

最近、こんなことはなかったでしょうか？

企画書や書類を作成している時、つい没頭してしまい気が付けば時間オーバー。

その結果、明日にズレてしまったり、時には残業でカバーせざるを得なくなる、ということが。

だとするなら、「考える順序」を次のように変えることで解決できるでしょう。

ＳＴＥＰ１：先に全体を見る
ＳＴＥＰ２：タスクを分ける
ＳＴＥＰ３：タスクごとにかける所要時間を決める

少し説明が必要ですね。

たとえば、何かをレポートするシーンで考えてみましょう。

ここでは、「来週の会議までに、時短対策の案を持ってきてほしい」と上司から指示を受けたとします。

今までのあなたなら、どうしていましたか?

間違えても、いきなりネットを検索してはいけません。

これこそ、思った以上に時間がかかってしまう原因です。

「職場の時短」とホームページの検索窓に入力して調べたところで、なかなか思ったような情報に行きつかず、それでもキーワードを変えながら、何度も検索をかけ、なんとか近いものを情報として入手する、というハメになる可能性があります。

さらなる問題は、上司から「これだけでは足りないな……」と言われることです。

翌日の予定も大きく狂い、こうなると残業の連鎖を引き起こしてしまいます。

段取りの良い人を見てみましょう。彼らは、こう考えます。

まず、「レポートには何が必要なのか」を考えます。

ここでは仮に、「成功事例を3つ」「時短を行う際の一般的な課題」「我々が導入する際の具体策」を考えることを、レポートに必要な要素として抽出したとしましょう。

そして、タスクを書き出し、各タスクにあてられる所要時間を決めます。

納期を死守するための方法

ここで質問です。

なぜ、所要時間を決めなければならないのでしょうか？

その理由は、「納期に間に合わせるため」に尽きます。

「納期」というのは、そもそも守られるべき当然のことで、クオリティよりも大事な前提条件です。

どんなに良い成果物を出しても、納期を過ぎてしまっては、その評価は半減どころかそれ以下にもなり得ます。


タスク管理の本質は「所要時間」をコントロールすることです。

今抱えているタスクには何時間必要なのか。余裕を持って間に合わせられる設定になっているか。無理があるなら、1つのタスクの所要時間を短縮できないか。

こうした〝検証〟が必要です。

時間は無尽蔵ではありません。

そのためにも、タスクを書き出すだけではなく、「所要時間」も設定してほしいのです。

目に見える形で時間を意識することで、時間オーバーで締切に間に合わないといった事態は予防できます。

初めはなかなかうまくいかないかもしれませんが、気にしないでください。

予定時間内に終えることを意識するだけでかまいません。それを繰り返すうちに、なんとなく自分の相場観がつかめてくると思います。

何事も「所要時間」を決めてから動く

■ 今週をうまく回すためには…

〈抱えているタスク〉		〈所要時間〉
タスクA	→	60分
タスクB	→	60分
タスクC	→	240分
タスクD	→	120分

■ タスクAを60分で終わらせるためには…

	〈必要なタスク〉		〈所要時間〉
タスクA	タスク1	→	30分
	タスク2	→	10分
	タスク3	→	20分

仕事は分けて分けて分ける。
そして時間も必ず決める

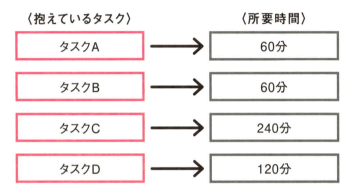

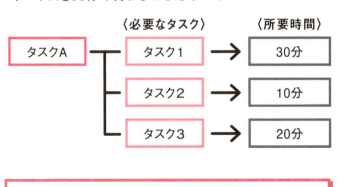

Basic works of planning

5

自分の1時間あたりのコストを考えたことありますか?

!

費用対効果に見合わないことはしない

その作業の「見返り」を明確に説明できるか？

今、生産性の向上が各企業の大きなテーマとなっています。
あなたの会社でも言われたことはないでしょうか？
「生産性を高めましょう」と。
もちろんなんとなくは理解できているものの、よくわからないのが「生産性」です。
端的に申します。これができていればＯＫです。

●あなたが、そのタスクをするのに、「いくらのコストがかかっているのか」をイメージできている

●そのコストをかけてでも得られる「見返り」を明確に説明できる

私の失敗例を紹介しましょう。
今でも思い出す苦い経験です。営業に携わっていた時のこと。
上司からの質問に全く答えられなかったのです。

「君が新規開拓をする際、1件あたりの商談単価はいくらかね？
そして、1件の新規獲得をするのに、いくらまでかけて良いと判断しているのかね？」

これには困りました。目標達成のことしか考えておらず、生産性の観点がスポンと抜け落ちていたからです。

上司が言いたかったのは、**君の移動にはムダはないのか**、ということでした。

つい、アポイントがとれるので、縦横無尽に移動していたのです。

まさに、上司の指摘通りだった、というわけです。

年収400万円なら1時間あたり3000円

そこで、あなたにもやってもらいたいことがあります。

自分の1時間あたりのコストを知っておいていただきたいのです。

計算式は簡単。次の通りにやってみてください。

移動時間にもコストは発生している

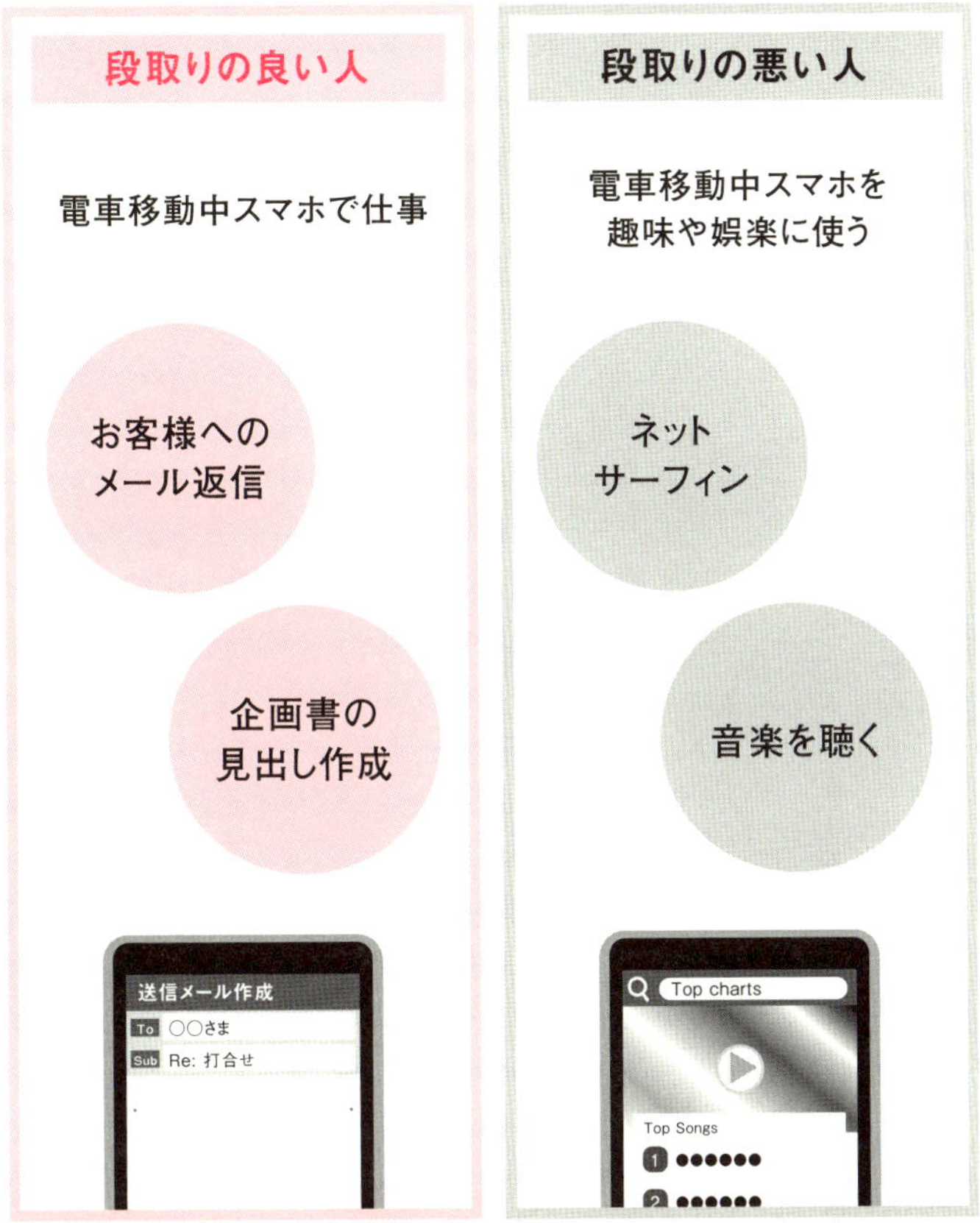

「生産性」を意識して働こう!

【あなたの1時間あたりのコストの計算式】

（年収÷実働日数÷時間）×1・5倍
※1・5を掛けているのは、会社が支払う社会保険等の分

年収が400万円だとするなら、おおむね1時間換算にすると3000円。

1時間のミーティングに参加した場合は、3000円がかかっているということ。

移動時間に往復2時間をかけたとするなら、交通費とは別にコストは6000円かかっているということ。

もし、年収が800万円なら、その倍ということになります。

それを補う「見返り」を説明できれば問題ありませんが、説明ができないなら、生産性を意識できていない、ということなのです。

つまり、生産性を高めるとは、あなたの「費用対効果」を高めなさいということ。

「会議をしても良いけど、費用対効果を考えている？　見合わないならダメだよ」と上司は言いたいのです。

さて、まとめましょう。

つい、やってしまうことにもコストが発生しているということを自覚しておく必要があります。

私の知る大手企業では、会議をする際に、ひとりあたりのコストを計算することがルールになっている会社もあるくらいです。

年収４００万円の人が10人集まる会議を１時間行えば、３万円ということ。

段取り向上を狙うなら、少なくとも、そのくらいのレベルで意識しないといけない時代なのです。

Basic works of planning

6

早く帰りたいなら、「帰る時間」をただ決めれば良い

!

遅くまで仕事をすることが
“一生懸命”の証にならない時代

残業するのは残業前提で働いているせい

もしあなたが、早く帰ることに不安があるなら、こういうことではないですか。

「本当に早く帰って、周囲は許してくれるのか……」

まず、あなたの上司を代弁しましょう。

怒らないでくださいね。

「頼むから、早く帰ってくれないか……」

これが、本音なんです。

説明しますね。

ついこの前まで、残業をすることは〝一生懸命〟の証でした。

しかし、**状況は180度変わりました。**

大事なことは、対策です。

私達は何をすべきか、です。

早く仕事を仕上げて、サクッと帰る人になるために、どうすれば良いのか、ということ。

サクッと帰る人達がやっている方法を紹介しましょう。

それは、「出勤時には、今日の退社時間を決めている」です。

実は、彼らが不安にならないのは、「必ず、そこで終えると決めている」からです。

その後、用事を入れていることも多い彼らは、やるべきことが残っていたとしても、翌朝に回します。

もし、あなたが、残業を前提に考えていたりするようなら、ぜひここからスタートしてみてください。

この具体的な方法は、第2章で紹介します。

仕事帰りに予定を入れてしまおう

ここからは、余談。

そういう私も、社会人2~3年目のうちは、長時間残業が当たり前の生活でした。

でも、**将来を考えた際、強烈な不安を感じた**のです。

こんな残務に追われる日々の先に、何があるのだ、と。

体も疲れ果てていました。

鉛のように重い体を引きずり、通勤電車の中でも寝ることしか考えていなかったように思います。

思いきって、早く帰るようにしました。

万全の状態で仕事をすることもプロの務めだと、腹を決めたのです。

まずは、手帳に退社時間を記入し、無理矢理に学校に通うことにしました。

簿記の学校でした。

授業は面白くなかったのですが、急に、世界が開けた気分になったことを思い出します。


そして、何よりも気付いたこと。

それは、**空が明るいうちに帰れる気持ち良さ**でした。

思った以上に1日は長いことにも気付けました。


思いきり仕事をして、学校から帰った後、子供を風呂に入れ、家族と食事を食べる。

それでも時間は余りました。


そして、強く確信したこと。

それは、職場は居場所ではない、ということ。

仕事をするところだ、ということ。

振り返ると、この感覚を得られたことが、プロしての軸が固まった瞬間だったと確信します。

退社後の時間を充実させよう!

・英会話教室

・家族と食事

・読書

・ジム

プライベートが満たされていると
実は仕事もうまく回る

「本当に早く帰って、周囲は許してくれるのか……」

そんな不安なんて、気にしないことです。

第2章

まずはここから
始めたい
段取りのキホン

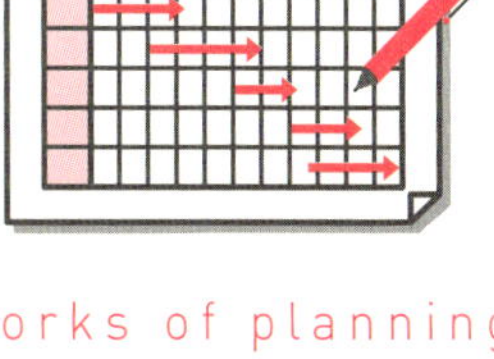

Basic works of planning

Basic works of planning

7

「やらなくちゃ」で頭をいっぱいにしない秘訣

!

「やること」を考える前に、
「課題」を絞る

「課題は何？」とまず考える

やるべきことを絞るべきと誰もが言いますが、上手に絞れないから悩みます。
やることを絞れない原因の1つが、「〝課題〟を設定していない」ことです。
課題とは、目的を達成するための鍵のこと。

以下を見てください。これは課題から対策を考える時のプロセスです。

STEP1：「課題」を絞る
STEP2：「選択肢」を出す
STEP3：「対策」を決める

この「STEP1」が抜けているわけです。
職場の残業を減らすシーンで例えてみましょう。
あなたなら、何から着手しますか？

いきなり、「ノー残業デーを導入しよう！」「時間になったら消灯しよう！」と考えると失敗します。

これが「課題を設定せずに、いきなり対策から考える」と言われるものです。

成功する人は、事実を正確に把握し、それをふまえて課題から設定します。その上で、選択肢を持ち、基準を決めた上で優先順位を決めます。

あるケースで考えてみましょう。

データを見ると、月末に作業が偏っており、月末の残業が問題になっている。だとするなら、課題は「作業を平準化させる（1カ月で平均的にバラす）」ことにあると判断。

課題を出したら、次に解決策をいくつか挙げます。

平準化の課題を解決する対策案の候補として、「月に3回の締切を設ける」「ポスターを掲示し意識を高める」「毎週、朝礼で啓蒙する」等を上げたとしましょう。

この時、実行の確実性で「効果の大きさ」を基準に決めると、「月に3回の締切を設ける」となるわけです。

これこそが、課題を設定し、効果的な対策を打ち出す流れです。

その次に対策。この順番でキレイに整う

実は、この課題設定に苦手意識を持つ人は少なくありません。

もし、そう思われたなら、こう考えてみてください。


課題設定は、まず「あなたの直感」で考えてみる。

ただし、思い込みではなく、「現場」を知ること。


事実を正確に把握していないと、良い課題は生まれません。

この例として、ダイエーの代表取締役社長、日本マイクロソフトの代表執行役兼CO O、パナソニックの専務役員などを歴任する名経営者の樋口泰行氏は、著書『僕がプロ経営者になれた理由』（日本経済新聞出版社）の中でこう言っています。

「日本マイクロソフトの法人営業の課題は直感で、〝お客様への関心を高めること〟だと考え、それを確かめる行脚に出た」と。

なので、直感を高めるためにも、現場のリアルを知っておきましょう。具体的には、従業員、お客様等の声を知ること。**現場に関心を持つことが課題設定の精度を高める鍵**となります。

まとめましょう。まず対策を講ずる際は、「課題」を設定してみてください。そのためにも、現場のリアルに関心を持っておきましょう。最初は難しく感じるかもしれませんが、そうすることで、自信を持ってやるべきことを絞れるようになります。

あれもしなきゃ、これも…

**課題を絞れば
必要なことが見えてくる!**

Basic works of planning

8

やることが定まらない時は「人事評価を上げる」に集中してみる

!

点数稼ぎではない!
求められる役割に応えるのがプロ

求められる役割を期待以上に果たす

「自分自身のやるべきことが、いまいち定まっていない」と考える人は少なくありません。

時間通りに来て、一生懸命に頑張り、また明日も時間通りに来る、その繰り返し。

上司からは、「やりたいことは何？」と聞かれたりもするけれど、うまく答えられない。

あまりにしつこく聞かれるので、「やりたいことがないとダメなのか！」と言い返したくなったりもする……。

そんなことはないですか？

そりゃ、「やりたいこと」が明確なほうが、短時間で成果を出しやすくなります。

でも、だからと言って、諦める必要は全くありません。

オススメの方法があります。

まずは、「〝人事評価を上げること〟にトライする」のです。

えっ、それ……（出世ばかり考えている嫌味な人にならない？）、と思われたかもしれません。

でも、まずはこれを第一歩と考えてください。

これをクリアした時、次の飛躍が期待できるのです。

説明します。評価を上げるとは、「求められること」に対して、期待以上の成果を出すことを意味します。

野球で言えば、先発投手が二ケタ勝利を上げることに躍起になることに等しいわけです。先発投手にはホームランを打って、しかも打率を3割に上げるための努力は不要です。

プロとは、求められる役割に応えることが大前提。

評価を上げるとは、求められる役割に「応える」レベルではなく、「超える」ことを意味するのです。

大きく成長できる

実際にあった例を紹介します。その人は営業事務の女性でした。

求められていることを、どれだけ意識しているか？

営業に求められること

短時間でより多くの契約をいただくこと

結果を出す人	結果を出せない人
ニーズのあるところに“絞って”から訪問	とにかくたくさん訪問
↓	↓

↓	↓
高評価	低評価

不要な努力をなくしたら
一気にラクになる！

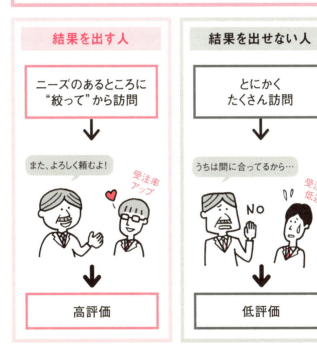

社歴は8年。その職種ではベテランです。

能力は高いのですが、周囲からは日々の業務をこなしているだけのようにも見えていたと言います。

内勤事務という職種は、なかなか評価が難しく、滞りなくやっておけばマイナス査定がつくことはないため、**ベテランになると、つい「こなすだけ」の仕事になることが少なくありません。**

つまり、ある程度、予定通りにやっておけば合格点がもらえる、というちょっと残念な状態にもなりやすいのです。まさに彼女の状態がそれでした。

しかし、彼女にチャンスが訪れます。上司が変わったのです。

上司は、彼女に提案をしました。「君のノウハウに期待して、お願いしたい仕事がある。新人の教育係をやってほしい」と。

さらに上司は彼女に、要望を付け加えました。

「人事考課でハイ達成にチャレンジしてみては、どうかな?」と。

彼女は快諾します。そこで、明確な目標を設定することになりました。

設定した目標は、３人の新人を一人前に育てること。

結果は、３人の新人だけではなく、その周囲の先輩を巻き込みながら進めたことから、６人の成長に寄与するということに。

そして、彼女には、トップクラスの評価がつきました。


それを機に彼女は覚醒したのです。

今までは、なんとなくこなしていただけでしたが、常に求められる役割を明確にし、期待を「超える」方法を考えるようになったのです。


いかがでしょう。

「やりたいこと」が特にないなら、なくてもＯＫ。

むりやりに「やりたいこと」を探すより、求められる要望を明確にし、「超える」方法を考えるのが正解です。

Basic works of planning

9

どんなにできる人でも簡単に陥る「手段の目的化」の罠

!

作業それ自体は手段。
本来の目的は何なのか?

その資料、時間をかけるべきところ？

「しなくても良いものを効率良く行うことほどムダなことはない」と言ったのは、経営学の大家、ピーター・ドラッカーでした。

この格言の本意は、「手段が目的化」してしまうことへの警鐘。手段が目的化するとは、〝やること（作業）〟自体が目的になってしまう現象を言います。

「社内の会議資料なのにデザインにこだわりすぎて、残業してしまう」というのは、その典型例。

説明が必要ですよね。これは、「目的を見失っていないか」ということ。

この場合、いくらデザインに手間をかけても、効果が変わるわけではありません。

でも、一生懸命になればなるほど、そうなってしまいやすいのも事実。

オススメの対策があります。

どんな時でも目的思考になれる「呪文」を紹介しましょう。

「ここは時間をかけるところではない。なぜなら……」

これだけです。

このセリフを呪文のように唱えるだけで、目的思考になれるから不思議です。

先日のこと。大学生の息子が、パワーポイントを使って、宿題のレポートを書いていました。どの図を挿入しようかと、フリー素材のサイトを見ながらアレコレと悩んでいたので、この呪文をつぶやくと、どうなるかを提案しました。

「ここは時間をかけるところではない。なぜなら……なぜなら、イラストはテーマに関係ないから！」

彼は、すぐにフリー素材のサイトを閉じ、箇条書きで済ませました。

振り返ると、我々の仕事には、目的に影響しない業務が必ず潜んでいます。

まずは、そのことに気付けるかどうかがポイントです。

ぜひ、「呪文」を唱えてみてください。簡単にそのことに気付けるようになれます。

目的達成に影響しない作業いろいろ

■ とりあえず集まる

■ やたらと長い文書

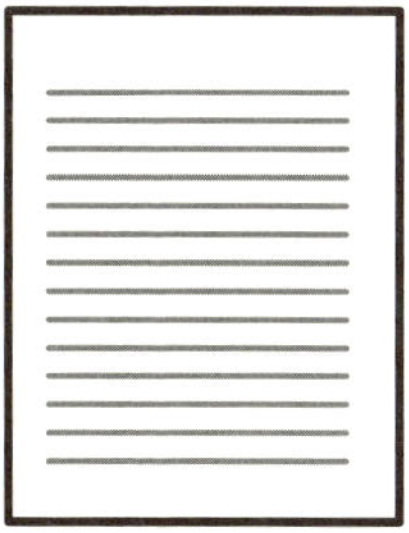

■ たくさんの添付資料

やめても結果に影響しないことは、やらない

Basic works of planning

10

やり直しは「早めにちょくちょく確認」で9割防げる

!

上司のニーズを把握して
軌道修正していく

いつも「こうじゃない」と返される…

上司からいつもダメ出しをもらってしまう人にインタビューを重ねる中で、確信を得たことがあります。この人達に共通するキーワードがありました。

「上司に説明するのが面倒」だと言うのです。

そこにあるのは「何を言われるかわからない」、もしくは「よけいな仕事が増えそう」、そんなところ。

わからないでもないですが、段取り良く仕事を進めるためには、上司の意向を把握することはもちろん、上司の力を借りることは不可欠です。

これは、能力ではありません。手順の問題。

そのためにも、上司に説明するのが面倒、と思っている方にトライしていただきたいのが、「早めの段階で〝ちょくちょく〟報告、相談をしておく」です。

白状しますと、私も上司に相談するのが得意ではありませんでした。

だから、たくさん失敗をしました。

失敗の多くは、「伊庭の言っていることは間違いじゃないけど、今の優先順位を考えるとそうじゃないんだよな」、そんな感じ。


20代だった私は、さらに誤解をしてしまいます。

「もっと企画書のページ数を増やして、上司のニーズに応える確率を高めよう」と考えてしまいました。

もう、わかりますよね。順序が違いますよね。

そう。「上司は何を問題としているのか」を、報告・連絡・相談を通じて把握することが先です。

こまめにすり合わせるのが大切

このことに気付いたのは、営業に訪れた先でお会いした、できる人達を目の当たりにしたことでした。

報連相がやり直しを防止する壁

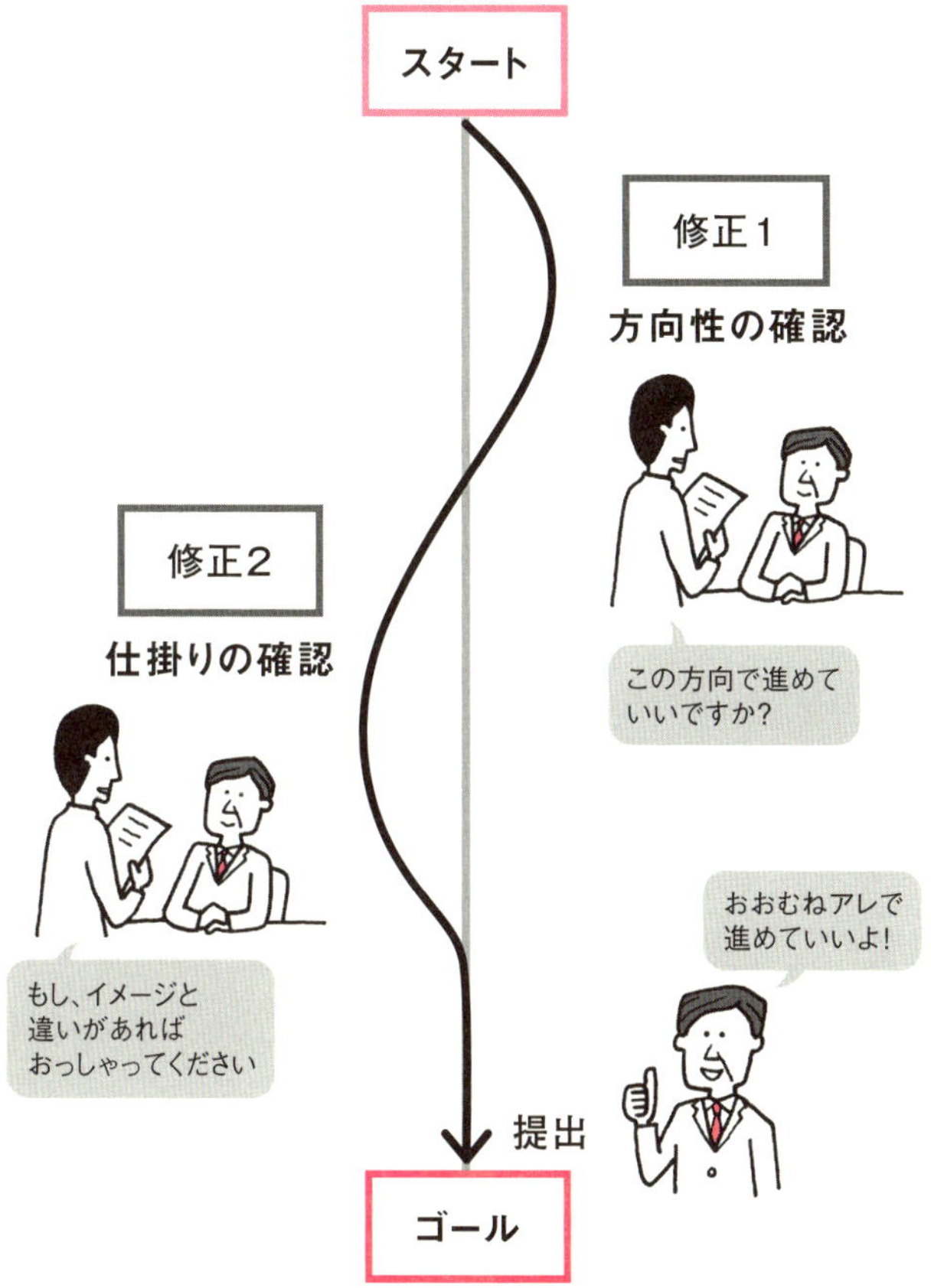

確認・報告の回数を重ねるうちに、
安心して仕事を任せてくれるようになる

彼らに共通しているのは、上司に信頼されているから仕事を任されていること。その前のステップとして、最初の段階で、自分がやろうとしていること、やり始めたことを〝ちょくちょく〟上司に確認をとっていたのです。

こうすることで、上司が安心する様子を私は見てきました。

もちろん、最初の頃は、「それは違う」「もっとこうしたほうが良い」等、スムーズにいかないこともあります。

でも、これも必要なプロセスと割り切るべきです。最初の段階から「〝ちょくちょく〟上司に確認」を続けていくうちに、やり直しのリスクもなくなります。最初の段階で面倒だと思わないで、修正をかける。これが「やり直し」を防止するコツでもあり、最終的には、裁量を任せてもらえる第一歩となるのです。

いかがでしょう。

上司からのダメ出しを予防するコツ、わかりましたよね。

仕事は必ず相手ありきで進むもの。

独りよがりの仕事をせず、最初の段階で、自分がやろうとしていること、やり始めたことを〝ちょくちょく〟上司に確認をとりましょう。

何事においても、初めの段階で認識のすり合わせを怠らないことです。いろいろな「誤解」「すれ違い」を予防することができるでしょう。

Basic works of planning

11

70点の完成度で手離れする勇気を持つ

!

仕事が速い人は
初めから100点を目指していない

自分ひとりで完璧なものは作れない

突然ですが、クイズです。

あなたなら、次のシーンにおいて、Aさんにどんなアドバイスをしますか？

先に言っておくと、Aさんは、かなり段取りが悪い人です。

＊＊＊

Aさんは、TV制作会社の人。

ある特番に向けて、Aさんは専門家に電話取材をすることにした。

その専門家は2時間をかけて、いくつかの資料を作成してメールをAさんに送った（無償で）。

翌日、Aさんは、さらにその専門家に連絡を入れる。

今度は、資料に記されている情報の詳細がほしいと言う。

専門家は1時間をかけて、また資料を作成し、メールを送った。

すると、その翌日。また、Aさんから連絡。
今度は、さらに詳細をほしいと言う。
専門家は、研究の成果を惜しみなく、提供できるもののすべてを送った。

その後、数週間、連絡がなかった。
専門家は、Aさんが困っていないか気がかりになり、連絡をした。
すると、Aさんはこう答えた。
「会議で方向性が違うと指摘され、今回は、違う資料を使うことになった」
専門家の労力もムダに終わる。
専門家は、このTV局には二度と協力しないと心に誓った。

＊＊＊

自己満足の仕事は、必ずやり直しになる

7割の完成度で良いから、
作り込む前に方向性を確認しておく

これは実話。恐ろしい話です。

仕掛かりの状態でも良い

さて、ここであなたに聞きたいのです。

Aさんは、明らかに段取りが悪いですよね。

では、どうすれば良かったのでしょう。

あなたが、Aさんにアドバイスをするなら、どのようなアドバイスをするでしょうか？

いかがでしょう。答えられました？

回答はシンプルです。

「自分ひとりで100点を目指すのではなく、まずは仕掛かりの状態で良いので、関係者の意見を聞いてから詳細を詰めていくべき」

そうすることで、ムダな労力もなくせますし、何よりも、より良い効果を手に入れることができます。

そして、**最初からひとりで100点を目指すより、意見を聞きながら進めたほうが、むしろ結果は良くなる**ということ。

そちらのほうが、うまくいきますよ。

Basic works of planning

12

ひとりで延々と考えるより先に人に聞いてしまう

!

詳しい人に聞いたほうが解決は速い

ネットで検索しても答えは出ない

情報を調べる際、思った以上に時間がかかることは少なくありません。

調べる際の「絶対のセオリー」をご存知でしょうか。

先に結論を言います。

「ネット検索は〝そこそこ〟で終わらせ、詳しい人に聞くか、実際に見に行く」


たとえば、1カ月、咳が止まらないとしましょう。

ネットで検索をすると、いろいろな情報であふれかえっています。

さて、どうしますか？

そうです。結局、病院に行かないとわからないですよね。

段取りの良い人は、早々に切り上げ、「呼吸器科」を検索し、病院に行きます。

診察の結果、それでも気になる場合、「耳鼻咽喉科」も受診します。

ここまでしておくと安心です。

ビジネスでも一緒。

会社のホームページへの集客を高める方法を調べるとしましょう。

ネットで調べると、どうなると思いますか?

もはやジャングルです。ホームページへの集客をビジネスとしている会社のホームページのジャングル。ほしい情報を求め、さまようことになります。

ようやく行き着いたサイトを見ると、SEO、リスティング広告、ホームページ最適化、SNSとの連動など、言ってみれば当たり前の方法しか出てきません。

私の会社のホームページをお願いしているクリエイターに尋ねてみると、たった3分で「私にとって最適な情報」を教えてもらえました。

それは、コラムページを設けて、コラムを書き続ける方法。

知人のSEO会社を営む友人にも聞きました。コラムとは別のランディングページを作成する戦略を教えてくれました。後は、私が何を選択するかだけです。

このように、まずはネットで〝アタリ〟をつけ、複数の人に聞く(もしくは見る)ことで、選択肢を用意し、そこから最適な情報を選ぶ。

これだけで、短時間で効果的な情報を得ることができます。

情報集めのネット検索は"そこそこ"で終わらせる

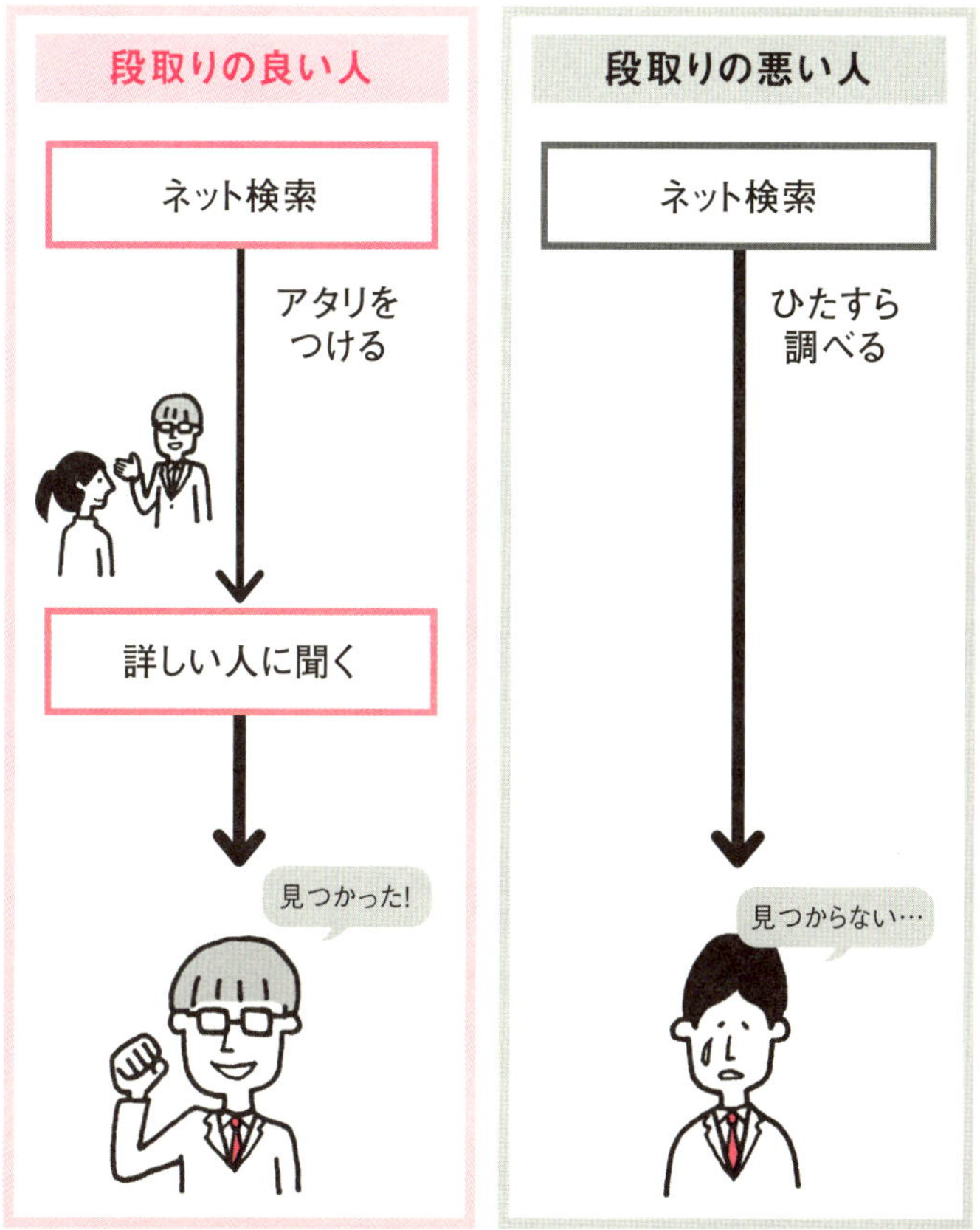

ネットは最初にアタリをつける時に使うもの

Basic works of planning

13

段取りの超プロは仕事の「はるか先」を見て動く

!

目先のことを完璧にするより大事なこと

完全に予測を誤った新幹線のワゴン販売

段取りの良い人とは、先読みができて、やり直しがない人と申しました。

「やり直し」が起こる要因の1つに、全体を見ずに「目の前の業務」だけに注力してしまっていることが挙げられます。これが、いわゆる「木を見て、森を見ず」です。

「やり直し」が重なると、いくら頑張ったとしても、評価を下げてしまいます。

絶対に予防しておきたいところです。

やり直しを予防する鍵は、何だと思いますか。

それは**「予測力」を高める**ことです。

と言うと、それが難しい……、と落胆してしまいそうになりますが、こう考えてみてください。

次の2つのことを想像します。

①この先はどうなりそう？

②関与する人、影響を与える人は誰？

どんな状態を指すか、2つの実話で紹介しましょう。

①「この先はどうなりそう?」の想像が欠落してしまった失敗例

東京から長野までの新幹線での出来事でした。車内は8割ほどの混雑。時間は午前11時。昼食には少し早く、お菓子も売れない時間帯。

なのに、ワゴンの販売員さんが、謝りながら「すみません」と頭を下げている。どうも社内販売のコーヒーが売り切れになった様子。

ふと、ワゴンを見ると、商品は準備万端。ワインにおつまみもビッシリ。しかし、数名の乗客が、飲みたかったコーヒーを飲むことなく長野駅で降車。

②「関与する人」「影響を与える人」の想像が欠落してしまった失敗例

これは、聞いた話。

営業パンフレットを作成することになった担当者。制作会社と何度も打合せをしたかいがあり、制作会社はデザイン性の高い企画案を提案。

段取りの良い人は「見えている世界」が違う

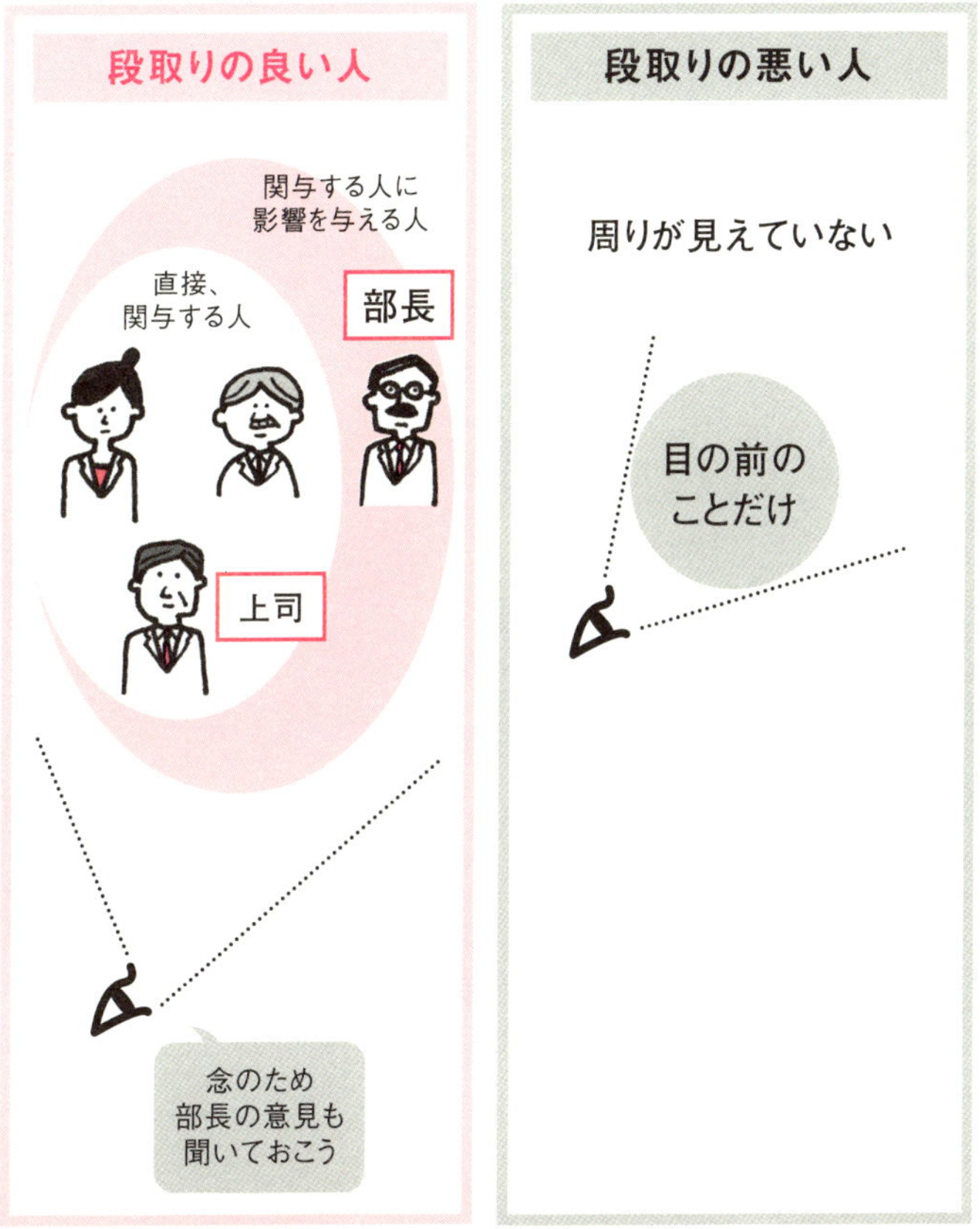

全体が見えていないと、やり直しが増える

しかし、担当者が上司に企画案を見せたところ、指摘が入る。

「その営業パンフを営業現場の人達は、どう評価しているのかね」と。

そこで、営業の責任者に見せることに。

すると、想定外の返事が。

「ここまで凝らなくて良いよ。現場は、もっとシンプルなほうが良い」とのこと。

仕方なく、担当者は制作会社に、やり直しをお願いすることに……。

この先はどうなりそう？　影響を与える人は誰？

さて、これらに共通する原因は何でしょう？

たしかに、目先のことは完璧にやろうとしているのですが、**先読みの視点**が抜けています。

ならば、このケースでは、どうすれば良かったのでしょう。

1つ目の新幹線のケースでは、乗客の顔ぶれを見ながら「この時間なら、どんな注文が増えそうかな?」「ポット1つで足りるかな」と想像することですし、2つ目の営業パンフレットのケースでは、「誰が、使うのか?」「だとするなら、誰の意見を尊重するべきなのか?」を想像することです。

と、言われても、ちょっと難しそうに感じてしまうものです。


「この先はどうなりそう?」

そして「関与する人」「影響を与える人」は誰ですか?

こう考えることで、広がりが見えてきます。

これだけで、随分とムダな動きはなくなるはずです。

Basic works of planning

14

手順の悪い人ほど紙に書いて整理しようとしない

!

書き出すことで、
やるべき手順が見えてくる

「5W1H」で分解

「そんなの段取り良くやれば良いじゃん」と言う人っていませんか？
そんなに簡単に言うなよ、と思いますよね。
私も、そう思います。
だから、この本を書きました。
ポイントとしては、**要素を細かく分解すること**です。
そうすることで、見えにくいものが見えやすくなります。
それが、こちら。

【段取り力を高めるステップ】
STEP1：「5W1H」の切り口で考える
STEP2：切り口ごとに、「2～3個の想像」を働かせる

ちょっと、わかりにくいですね。解説します。

●STEP1：「5W1H」の切り口で考える

「5W1H」とは、「何を（What）」「なぜ（Why）」「いつ（When）」「どこで（Where）」「誰が（Who）」「どのように（How）」の6つの要素を指します。よく耳にする切り口ですが、段取り力を高める時にも、この切り口で考えます。

●STEP2：切り口ごとに「2～3個の想像」を働かせる

「5W1H」の各要素ごとに、最低でも2～3個の行動を考えると、自ずと段取りの良い人の行動になる、という法則です。

上司から「会議のお弁当」を手配する依頼を受けたシーンで考えてみましょう。

（1）What：「何」を手配する？

まず、15名分のお弁当（昼食）を手配。

⬇（さらに想像）

・そうだ、選べるように「和食・洋食・中華」を用意しておこう。

・おっと、お茶とお水のペットボトルも添えておこう。

(2) Why：「なぜ」手配することになったのか？

11～14時にわたる長時間会議のためだ。

⬇（さらに想像）

・そうだ、時間がないので、食べながら会議をしたいとのことだったぞ。

(3) When：「いつ」手配すれば良いのか？

前日に予約をしておこう（売り切れがあるかもしれない）。

⬇（さらに想像）

・当日は11時半には搬入しよう（進行次第で11時40分に食べることになるかも）。
・そして、13時に回収しよう（お茶のお代わりをほしいと考える人がいるかも）。

(4) Who：参加者は「誰」？

会議の参加者は、部長と課長だ。

⬇（さらに想像）

・考えてみると、年齢も性別もバラバラ。ゆえに、「食べる量」「嗜好」が違うはず。

・たしか部長は、糖質制限をしていると言っていたぞ。

(5) Where：「どこに」発注？「どこに」搬入？

15個の注文なので、宅配してくれるお店を選ぼう。

⬇（さらに想像）

・会議室に搬入する際は、邪魔にならないようにしないといけない。

・なので、弁当を一時的に置いておくテーブルも会議室の隅に入れておこう。

(6) How：「どのように」して（または、どのような状態で）運ぶ？

2人で搬入しよう（ひとりだったら、1回で搬入するのは難しい）。

⬇（さらに想像）

・可能なら、お弁当を温かい状態にしておきたいな（お店に相談しておこう）。

作業を時間軸で整理

課題設定（何を成功とするのか）
- 11:30に15名分のお弁当を手配
- 食べながら話せるもの
- 和洋中の三種類

↓

検索
- ネットで探す、同僚に聞いてみる

↓

候補選出
- 店の候補を出す

↓

選択
- ホカホカの状態で持ってきてくれる店を選ぼう

↓

行動
- 2人で搬入
- お弁当の置き場を作る
- 13時には回収

結果的にズレても良いので、自分なりに必要事項を想像してみる

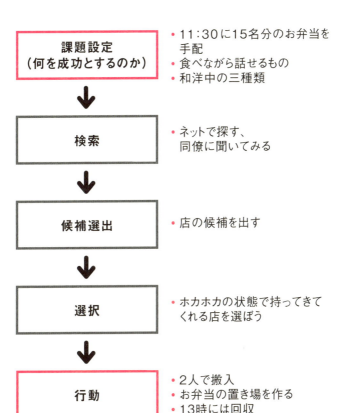

あらゆる事態を想定しておく

いかがでしょう。できるかな……、と不安になられたかもしれません。安心してください。「想像」に正解なんてありません。大事なことは、自分なりに「想像」をしてみるということ。もちろん、ズレていてもOK。何よりも「想像」することが、段取りの第一歩なのです。

そして、次のステップ。
先の図のように、時系列に整理をすると、やるべき手順として整理ができます。
慣れないうちは、紙に書いてみるのも良いでしょう。
慣れれば、頭の中でできるようになります。

いかがでしょう。思った以上に緻密だと思いませんでした？
そうなんです。**段取りの良い人って、実は緻密なんです。**
でも、安心してください。これも日々の繰り返しで必ず身に付きます。

第3章

どんな仕事も余裕で終わるスケジュールの極意

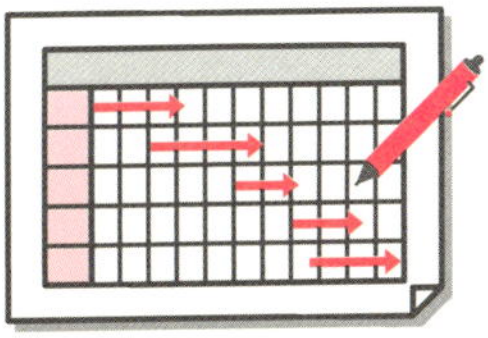

Basic works of planning

Basic works of planning

15

締切2日前の提出。2本早い電車。結局、「前倒し」がすべて

!

少し早めに締切を設定するだけで良い

最後に帳尻を合わせようとするからバタバタする

もし、いつも締切直前にバタバタしてしまうとしたら、どこかでこう思っていませんか？「最後に帳尻が合えば良い」と。

昔、私もそう思っていました。でも、この考え方は危険です。知らないところで「配慮がない人だな」と思われても仕方がありません。


あるケースで考えてみましょう。

あなたが緊急のクレーム対応に追われていたとします。

メールの受信箱を見ると、社内のAさんから1通のメール。

そのメールを読むと、「修正点があれば、明日までに返事をもらってもよろしいですか？」とある。

内容は、顧客リストの住所、社名が間違えていないかのチェック。

エクセルの添付を開けてみると、ザッと300件。

さて、その時、あなたはどう思いますか。

「それどころじゃないのに……。もっと早く言ってよ」と思いますよね。

こういうこと。自分勝手だと思われても仕方ないのです。

時間に疎い人は、お金の貸し借りに疎い人と同じくらいに、確実に信用を失っているると思ったほうが良いでしょう。

いわゆる段取りの良い人は、この怖さを知っているのです。

だから、あえて余裕を持った「マイ締切」を必ず設けています。

ちなみに、この余裕のことをビジネス用語では「バッファ（緩衝）」と呼び、この「バッファ」を設けることで、想定外のアクシデントに対応します。実際の締切よりも前に、マイ締切を設定することで、約束日よりも早く提出できるようになります。

これはすべてのことに対し、約束した締切よりも早く締切を設定する方法です。

イメージとしては、1～2割程度の前倒しをすると良いでしょう。

次の図をご覧ください。このように、木曜日の16時が締切なら、水曜の朝には提出するよう予定を組んでおきます。

早め早めの対応で余裕を作る

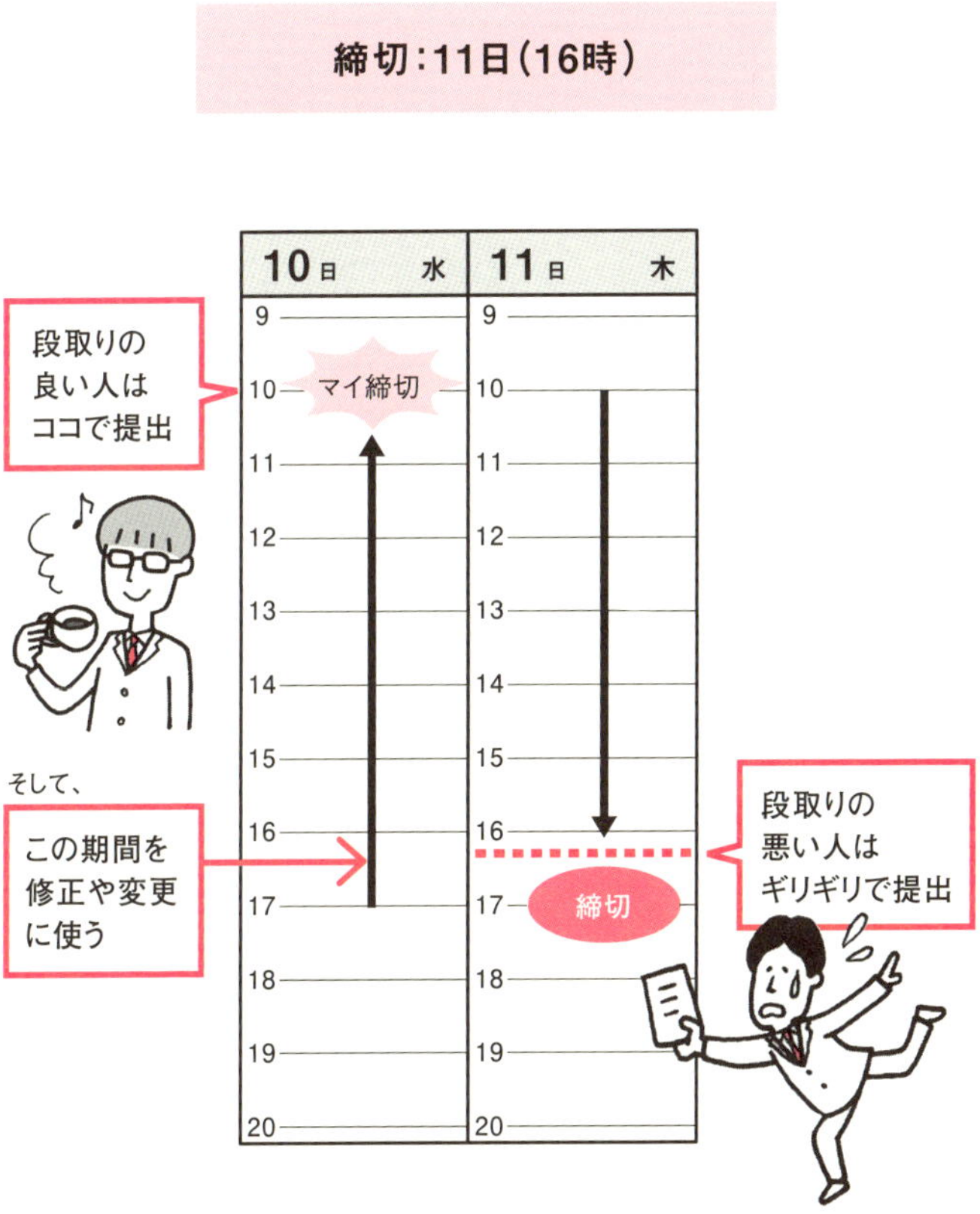

本当の締切よりも早い「マイ締切」を設定しておくと、何かあった時でも対応できる

こうするだけで、言ってみれば相手に1～2日の余裕をプレゼントできる、というわけです。

「マイ締切」を設けるだけで評価もアップ

「マイ締切」を活用するシーンは、他にもあります。

電車で出かける際は、2本早い電車に乗る（電車遅延でも相手を待たせない配慮）。アポイントの15分前には先方に到着しておく（受付で行列ができていることもあるので、遅刻しない配慮）。

たった、これだけのことですが、「マイ締切」を設けるだけで、時間にゆとりができるばかりか、あなたの評価も高まります。

なぜ、評価されるのか。

相手にとって時間はとても貴重だからです。

締切に遅れがちな人は、今日も、明日も、その次の日も、できる限り頑張っていたら、きっと成果が出せると信じて働いているところがあります。

しかし、なりゆきでとにかく頑張る働き方は、一生懸命にやったとしても、途中で時間切れになってしまう危険があります。

一方、**段取りの良い人は、「終わり」から逆算してスケジュールを立てています。**

彼らは、達成するために必要なタスクを月、週、日単位に割り振って、いつまでに何をどこまで到達しておかなければならないかを明確にしています。

さらに「マイ締切」を設定しているので、時間切れになることはほとんどありません。

「マイ締切」を設定するのに能力は関係ありません。誰もがすぐにできること。

ぜひ、オススメしたいノウハウです。

Basic works of planning

16

予定は「入ってくる」もの ではない。「入れる」もの

!

早い段階で、いかにスケジュールを確定させるかが、余裕を作るコツ

2週間前には手帳を8割埋めている

スケジュールをどのように立てると良いのか、という質問をいただきます。

というのも、私の予定はいつもビッシリなのに、なぜか余裕があることを不思議に思われることが多いからです。

たしかに、「研修、講演、コーチング」で年の200回は埋まっており、研修のテキストは全部、自前で作成し、また、紹介やインターネットからのお問い合わせをいただくと、自らが打合せに出向き、お客様に定期的に訪問することも心がけているので、ほとんど外出。

連載は3本。本は年に3～4冊。

いかなるメールも即レスを基本とし、一方で、息抜きがてら、ジムに週2回、英会話に週2回。

結婚20年。派手さはないですが家庭も円満です。

旅行にも必ず行くようにしています。

でも、バタつくこともないですし、ストレスもそれほどありません。

種明かしをすると、これは確実にスケジューリングのおかげです。

私のスケジュールをお見せします。研修と講演が2回しか入っていない、いわば「打合せウィーク」を抜粋したものです。

見ていただきたいのは、3点。これをおさえておくと、バタつくことなく生産的なスケジュールを組むことができます。

●ほとんどが、2〜4週前までには決まっている

●前週には、隙間時間を埋めるべく、アポイントを入れている

●突発の用事があったとしても、移動時間と隙間時間にしかやらない（やれない）

もちろん、ビジネスの特性にも左右はされますが、基本は、**いかに早く予定を埋めていくか**です。

旅行やセミナーに参加するなら、3カ月前には予定がわかるはずですし、美容院に行ったり、友人と会う予定なら、1カ月前には決められるはずです。

隙間時間をどんどん埋めていく

1カ月以上前から決まっている案件　2〜4週間前から決まっている案件

早くにスケジュールをFIXすると、
時間に振り回されなくなる

商談もこちらから働きかけると、1カ月前には決められます。

つまり、早い段階でスケジュールのあいまいさをなくすことが基本なのです。

そうすることで時間に振り回されることなく、自分が心地良いペースで仕事を進めていけます。

隙間時間を突発の用事にあてる

新人だったら、営業だったら、いわば相手の都合に合わせないといけない状況だったらどうするのか？　との疑問もあると思います。

違うのです。だからこそ、先に予定を埋めるのです。可能な限り先を読み、こちらから予定をおさえにかかります。

それでも突発で用事が入る場合は、隙間時間で対応するしかありません。

そう考えると、**隙間時間を〝適正に空けておく〟ことも重要な作戦**と言えるでしょう。

段取りが良い人の手帳を見ると、びっしり予定が書き込まれています。彼らは、

「予定は向こうから入ってくるものではなく、自分で作るもの」だと思っているので、先々の予定までどんどん埋めているのです。

一方で、段取りが悪い人の手帳には所々にしか予定が書き込まれていません。やるべきことを詳細に把握できていないので、予定が埋まらないのです。

そして結局、目の前の仕事に追われてしまいます。

結論です。

スケジューリングは先手必勝がセオリー。

ぜひ、3カ月先の予定を埋める勢いで先を見通してみてください。

きっと、時間に翻弄されなくなりますよ。

Basic works of planning

17

TODOリストのキモは「所要時間」にある

!

ムリのないタスク量で、
時間に余裕を持った計画を立てる

盛り込みすぎで4割のタスクが未完了に

ＴＯＤＯリストを作成しても、４割のタスクが未完了のままになってしまうと言われます。

実は、ＴＯＤＯリストの作り方に問題がある場合が少なくないのです。

ここでは、確実に完了に導くＴＯＤＯリストを作成するコツを紹介します。

①タスクを分解する

「営業会議の準備」とリストに書くだけではザックリしすぎです。

「会議室をおさえる」「出欠を確認する」「議事予定を送っておく」といったように、タスクを分解して具体的な実行リストにしましょう。

②ムリのない「タスク量」に抑える（所要時間も書いておき、総時間で管理をする）

未完了になる人のＴＯＤＯリストを見ると、つい欲張って盛り込みすぎ、タイムアップになっていることも多いようです。

その期間内に終えられる量にすることが絶対の条件です。

1つは、タスクごとに所要時間を記入してみてください。

また、「書くほどではない生活のルーティーン」は書かないことです。

たとえば、「昼食」「日経新聞を買う」等は、書かなくても良いことに入ります。

〝絶対にやらないといけないこと〟だけをリスト化しましょう。

③アクシデントに対応できる「タスク量」に抑える

タスクが未完了になる大きな原因は、予期せぬ「アクシデント」が起こることと言われています。たとえば、突然のお客様からの電話、依頼メールの対応に思った以上に時間がかかってしまった等です。

タスクは詰め込みすぎず、アクシデントが起きても対応できる量にしておきましょう。1日8時間勤務なら、1時間半位の余裕は見たほうが良いでしょう。

この①～③の流れに沿ってTODOリストを作成することで、タスクのやり残しをなくすことができます。

実現可能かどうかが大切

■ ①タスクを分解

「××の作業」

・タスク1
・タスク2
・タスク3
・タスク4
・タスク5

■ ②タスクごとに所要時間を設定

- タスク1 ―― 5分
- タスク2 ―― 5分
- タスク3 ―― 15分

} 今日

- タスク4 ―― 20分
- タスク5 ―― 10分

} 明日

■ ③予備日、予備時間を設ける

まずは未完了にならない
TODOリストを作成する

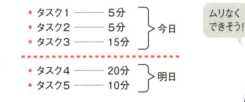

Basic works of planning

18

朝、今日することを決めるのでは遅すぎる

!

始業と同時にスタートを切れないのは、
もったいない!

前日までにリスト化しておくのが鉄則

出勤してから、「朝の忙しい時に、TODOリストを作る」なんて、時間のムダ。

これは私の持論です。

マラソンで例えるなら、スターターが「パーン」と鳴らした時に、準備でモタモタしているイメージ。

始業と同時に、走り出したいところです。

TODOリスト作りは、前日までにサクッと済ませておきましょう。

ルールは3つ。

- **作成は「前日の退社前」まで（当日の朝は確認するだけに）**
- **長くても「5分程度で」終える**
- **忙しい人は「隙間時間」に作っておく**

でも、どうでしょう。前日に作成するのって面倒だと思いませんか？

1分でも早く帰りたいですよね。

だから「隙間時間」の活用なのです。

デスクに座ってやらず、帰り道、もしくは日中の移動等の隙間時間でやってしまうのがコツ。

手書きのメモでも良いでしょうし、スマホ、タブレットで作成しても良いでしょう。

面倒なことは、隙間時間を使ってサクッと終えるのが、正解です。

一方、142ページでご紹介する長期スパンのスケジュールは、5分と言わず、10～20分程度時間をかけ、書き出したタスクをTODOリストに書いておくと良いでしょう。

長期をしっかり考え、短期はサクッと。

これがTODOリストを考えるポイントです。

前日退社前にTODOリストを作れない時は…

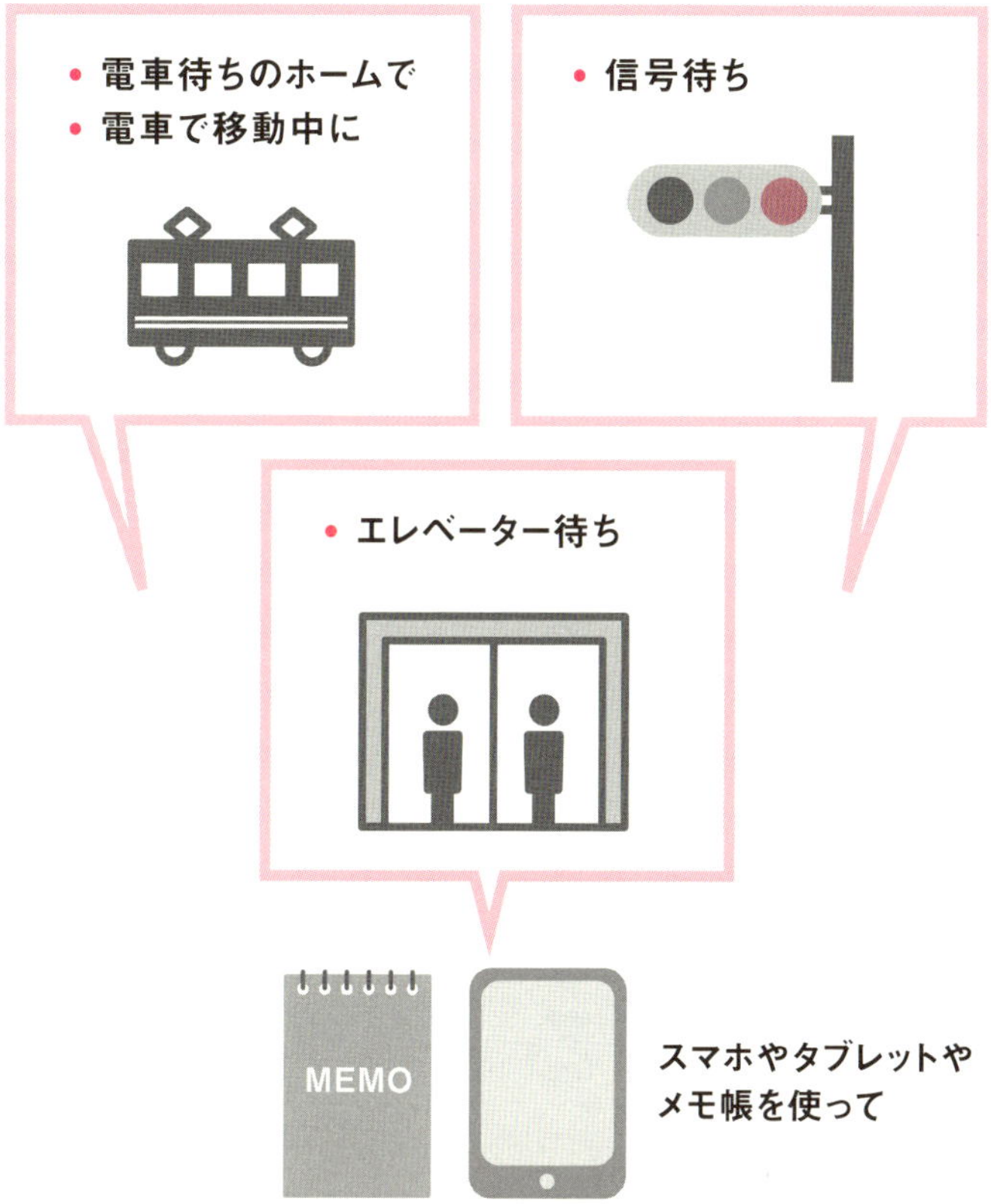

隙間時間を活用してサクッと作る

Basic works of planning

19

戦略的に、後回しをあえてする

!

今やらなくても良いことはやらない

すべてのタスクが緊急案件に見えたら

突然ですが、「トリアージ」って、聞いたことありますか？

災害時において、「救急搬送の順位付け」で用いられるものです。

たとえば、大きな災害があった場合、目の前の人から助けるのではなく、「緊急度」の高い人から搬送する、というもの。そうすることで、より多くの命を救えるという方法です。

これは、「緊急度の高い人」を見立てる「基準」が明確だからこそできるわけです。


さて、話はタイムマネジメント。

電話やメール、気が付けばバタバタして、思った以上の成果を得られずに1日が終わってしまうことはないですか。

タイムマネジメントのノウハウに、「緊急度」と「重要度」で考えよ、というものがありますが、それができないから悩むわけです。

実は、よくいただく質問があります。

「全部が緊急案件に見えてしまう。どうすれば良いか？」といった質問です。

この場合、**緊急度を見立てる具体的な「基準」が必要**だということ。

では、さっそくオススメの「基準」を紹介しましょう。それが、この基準。


【緊急度を見立てる基準】

●「後回しにしても成果に影響しない」ものは、後回しにする
●残ったものが「緊急案件」

「何、それ？」と思われたかもしれません。でも、これがとても実践的なのです。

まず、先々のタスクを見通せる「タスク表」を用意します。そして、後回しにしても成果に影響しないものは、後に回す。

すると、残ったものが今やるべきこと、というわけです。それが左ページの例。

図の締切は「余裕を持ったマイ締切」。所要時間は「余裕を持った時間」です。

いかがでしょう。恐らく、こう思われたと思います。

「後回しにすると言っても、相手を待たせることになるのでは……」と。

締切ごとに仕分けしてみる

特急（今週中）	2週間以内	1カ月以内	それ以上

特急（今週中）

タスク	締切	所要時間
A様企画書	5月15日	3時間
レポート	5月15日	2時間
営業ツール作成	5月16日	2時間
マニュアル作成	5月16日	5時間
研修骨子作成	5月17日	4時間

16時間

↓

2週間以内

タスク	締切	所要時間
B様企画書	5月23日	2.5時間
執筆		1.5時間
研修テキスト作成		10時間

14時間

30時間

↓

1カ月以内

タスク	締切	所要時間
Cさん打合せ		3時間
取材		2時間

↓

それ以上

タスク	締切	所要時間
DM		3時間
手配		0.5時間

翌週以降に回せない残ったタスクが緊急案件

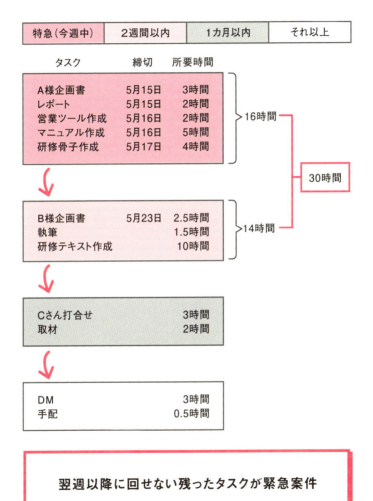

そうならないために、納期を明確にしておきます。「再来週の月曜まででも問題ないですか?」と。

これで、待たせることはなくなります。

まず、納期を設定することも重要となります。

この法則で考えると、後に回したほうが良いものはたくさんあることに気付けます。

書類作成、手配等、今週やらなくても大丈夫なことは意外にたくさんあるのです。

今日のノルマをできるだけ減らす発想

そして、追加。

後に回したタスクについては、余裕ができれば隙間時間に少しずつ処理しましょう。

そうすることで、先々のタスクも軽減されます。私の場合は、今日やることをできるだけ減らしたいので、**ずらせるものは積極的に後回し**にしています。その結果、今週やるべきことは確実に終わらせることができ、気持ちにも余裕ができます。

中途半端に抱えているタスクがいくつもあると、つい気になってしまうもの。

そんなよけいな心配をしなくても良いように、やるべきことを絞り確実に終わらせ

所要時間を決めたら1日の予定を入れる

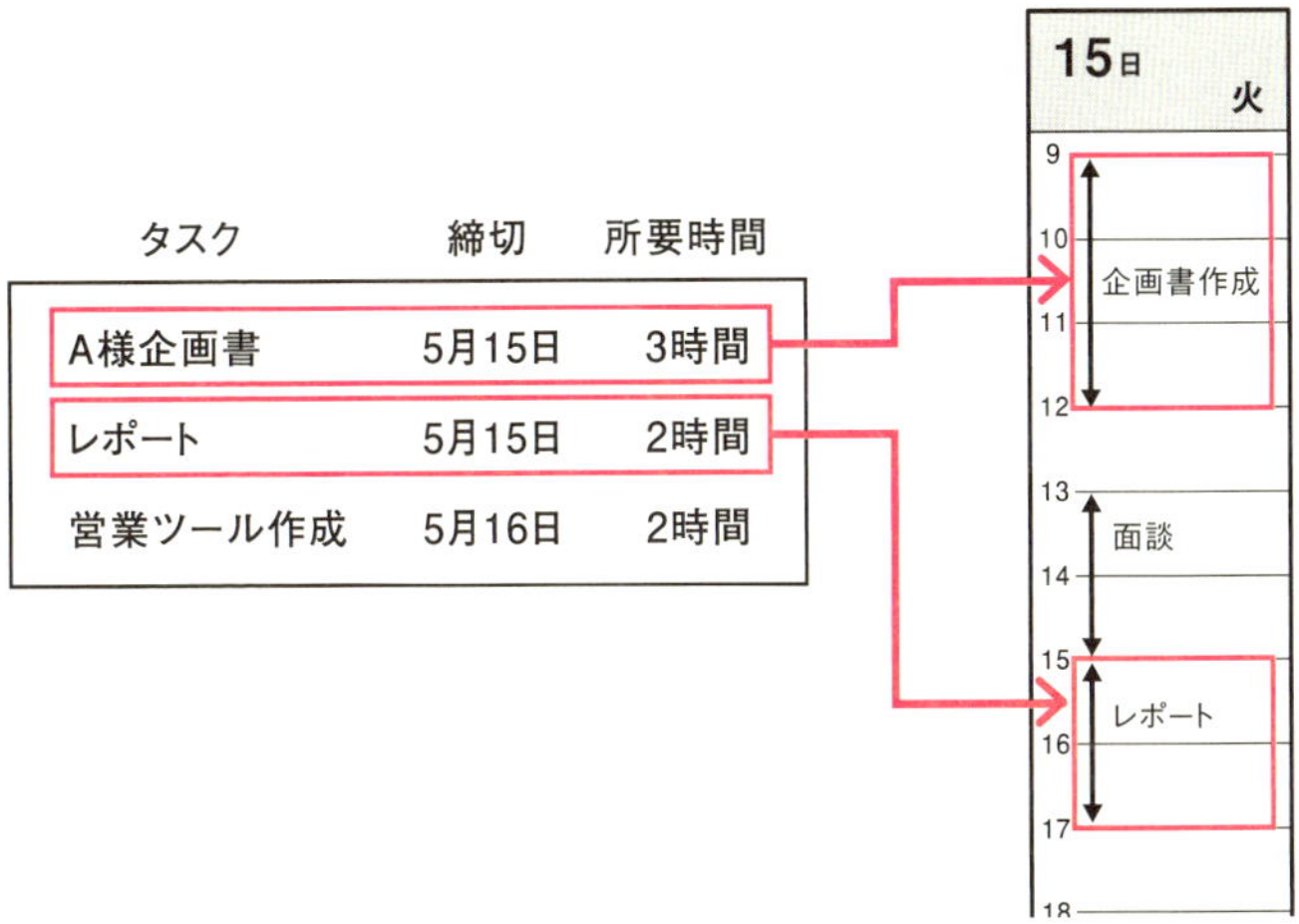

て、早くに手離れしてしまうのです。

そして、翌週以降に回したタスクを隙間時間に片づけていきます。

さらに余裕がある時は、1カ月以内にやるべきタスクにも、できる範囲で手をつけます。そうすることで、抱えているタスクがますますなくなり、晴れ晴れとした気持ちになれるのです。

さて、まとめましょう。まずは先々まで見通せるタスク表を用意し、成果に影響しないものは、戦略的に後に回しましょう。そうすることで、誰にも迷惑をかけることなく、それでいて時間内に成果をしっかりと残せるようになります。

Basic works of planning

20

そのメール、その資料、本当に必要ですか？

!

「価値を生むか生まないか」が
重要度を見分ける基準

「主作業」「付随作業」「ムダ作業」に仕分ける

よく「何を捨てるかが重要だ」と言われます。

しかし、そんなことを言われても、わかったような、わからないような、どことなく悟りの境地の「難解な名言」のようにも聞こえてしまうものです。

この本では、しつこいくらいに「成果に影響しないことは、やめることだ」と出てきます。ムダな作業への頑張りほど、ムダなことはありません。

ここでは、〝重要度〟の観点から、優先順位の見立て方、ムダの見つけ方について詳しく紹介していきます。

まず、結論から。

【ムダを見つける方法】

作業を「主作業」「付随作業」「ムダ作業」の3つに分ける

解説します。

作業には3つの種類があります。

左の図をご覧ください。

これは**トヨタの管理手法**として有名になった分け方ですが、今では多くの製造現場で徹底的に言われ続けている分類です。

ホワイトカラーはもちろん、あらゆる職種にも適用できます。

仕分けた後、「主作業」を増やし、「付随作業」は減らし、「ムダ作業」はなくすことを考えます。

1つ1つの作業をする際、これは〝どの作業〟なのかを考えることで、ムダに対する視力（判断力）は高まります。

まずは、先週1週間分にやったタスクを振り返ってみませんか？

仕分けてみると、意外とムダな作業が多いことがわかりますよ。

作業を3つに分けてみる

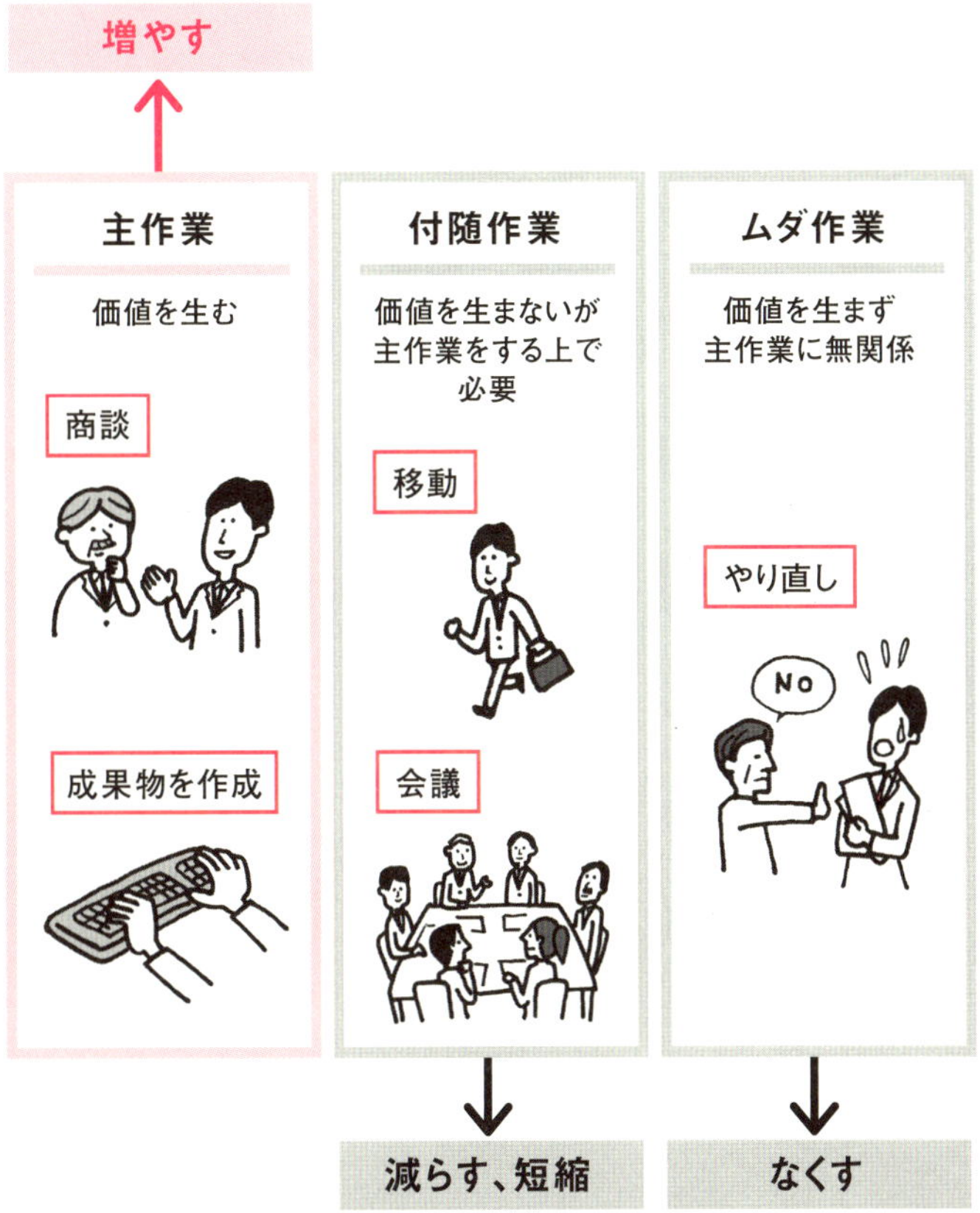

残業せずに成果を出す鍵は、
1日の「主作業」の比率を高めること

Basic works of planning

21

仕事のスピードは「悲観値」と「更新」の繰り返しで上がる

!

なりゆきで仕事をすると、
いつまでたっても遅いまま

「30分で終えよう」と見立ててスタート

この本には、何度も「1つ1つのタスクの所要時間」のことが出てきます。

それだけ、ムリなくタスクを遂行する上では、極めて重要な要素だからですが、1つ1つのタスクに対して所要時間を決めずに作業に取りかかる人も少なくありません。

所要時間を決めないと、ズルズルと仕事をしてしまい、他の人はすでに終えているのに、気が付けば「え！　もう夕方？」なんてことにもなりかねません。

それが「仕事の遅い人」というレッテルを貼られる一因になっていたりします。

しかし、一方で、所要時間の決め方がわからないという声もあります。

でも、難しく考えなくて大丈夫です。

【所要時間を決める方法】

ＳＴＥＰ１：初期設定は「精緻」でなくてＯＫ。ただし、「悲観値」で考える

ＳＴＥＰ２：２回目以降は、常に「更新」を狙う

所要時間は最初から決まっているものではなく、人によっても異なります。**経験の繰り返しの中でつかんでいくもの**です。

まずは「初期設定」。

頭の中で作業の所要時間を想像し、「速い」「ふつう」「遅い」の3つのうち「遅い」を選びます。想像でOKです。ここからスタートします。

その後、実際にやってみると、その通りに行かないこともあるでしょう。速くなることもありますし、もっと遅くなるかもしれません。

ただ、それが〝今〟の所要時間です。

そして、「更新」。

〝今〟と言っているのは、常に更新することを狙うからです。

次は15分、10分…と目指す

左ページの例を見てみましょう。

最初は30分で見立てたものが15分内で済むようになる、というわけです。

最初は「悲観値」で所要時間を設定

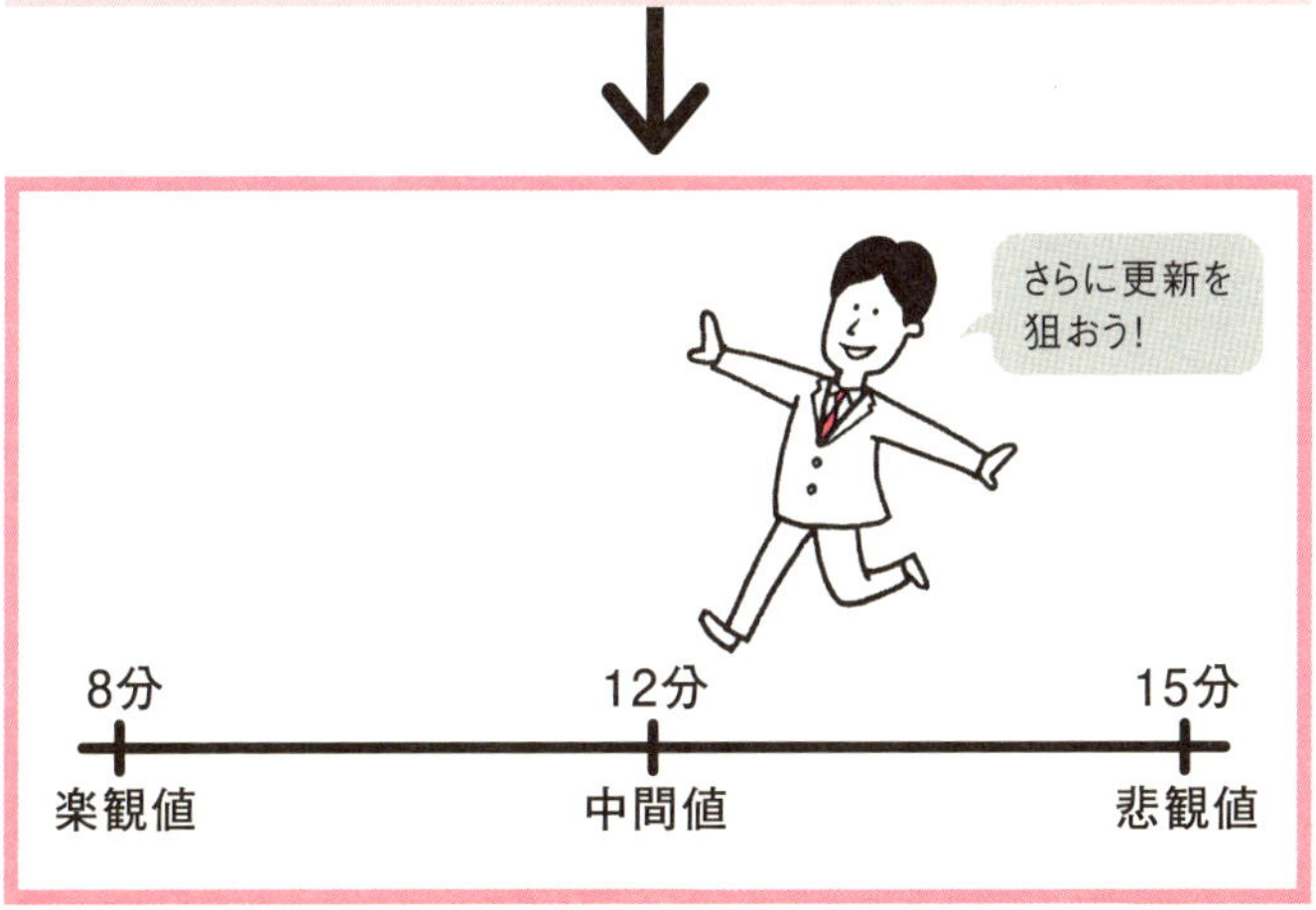

やりながらタイムを更新して時間短縮を狙う

このように所要時間を更新できるのは、次の2つの力が働いているためです。

●学習効果：経験を積むことで、より効率的になる
●改善力：やりっぱなしにするのではなく、「何をすればもっと速くなるだろう」と考えることで、さらに速くなる

そして、この2つの力をより効果的に得るためには、次の2つの努力をすることです。

●「成功要因」「失敗要因」を考える（結果だけで一喜一憂しない）
●「成功事例」に関心を寄せる（自社はもちろん他社での成功事例もチェック）

このように、仕事の速い人の方法を参考にすることや、ビジネス雑誌で紹介されるような残業削減に成功している工夫を取り入れてみることで、タスク処理のスピードがさらに高まります。

さて、結論です。

「所要時間」を決める際、精緻である必要はありません。

「悲観値」で考え、常に「更新」を目指すのが正解です。

そして、繰り返しになりますが、劇的な「更新」を狙うためには、もう2つの努力も必要。

1つは、「結果」だけではなく「要因」を考えること（自分は人と比べて仕事が遅い。なぜ遅いんだろう。他の人はどうしているのかな？　どうすれば自分も速くできるんだろう）。

もう1つは、他の「成功事例」にも目を向けることです（仕事が速い人がやっていることを知り、真似をする）。

この反復の中で、あなたにとっての「ベストな所要時間」は決まります。

Basic works of planning

22

PDCAで一番大切なのは、実は「C＝振り返り」

!

「また計画通りに進まなかった…」を防ぐ一番の方法

やりっぱなしだと、また同じミスをしてしまう

せっかく作ったTODOリストも、計画通りに進まないことがあります。

もし、この時に〝なぜ、そうなったのか？〟を考えておかないと、また同じことを繰り返してしまいます。

何事もそうですが、すぐに上達する人と、なかなか上達しない人の差は、〝振り返る〟ことをしているかどうかの差だと言われます。

でも、悲観的になることもないですし、もちろんTODOリストなんて意味がない、と投げやりになる必要はありません。大事なことは1つ。

同じミスは避ける。これだけでOK。

そのためには、計画通りに進まなかった時、必ずしていただきたいことがあります。

STEP1：今日の予定を修正する（安易に「残業」で対応しようとしない）
STEP2：計画通りにいかなかった要因を確認する
STEP3：同じミスをしないよう、再発防止の対策を決める

では、ＳＴＥＰ１～３について、例を用いて解説しましょう。

まずは、ＳＴＥＰ１「今日の予定を修正する」。

退社時間を延ばす発想は、時代遅れです。今の時代は、時間内に終えることで対応するのが正解。具体的には、次の流れで考えます。

①後ろの予定の所要時間を縮める方法を考える
②それでもあふれるなら、明日以降に回せるものは回す
③それでもあふれるなら、誰かにお願いできるものは相談する

ここまでやって、どうしてもムリなら、残業で対応しないといけませんが、それは最後の最後の手段であることを理解しておかねばなりません。

計画通りに進まない時は、検証して対策を立てる

次は、ＳＴＥＰ２「計画通りにいかなかった要因を確認する」。

同じミスは繰り返したくないものです。再発防止をしておきたいところ。

段取りの良い人が、同じミスを繰り返さないのは、この「要因を振り返って、対策を考える」プロセスを大事にするからです。PDCAで言うところの「C」＝Checkです。頭の中で考えるだけでかまいません。

まず3つの切り口で、うまくいかなかった「要因」を考えます。

①想定外のアクシデント（不慮の事故やミスが起きなかったか？）
②見立ての誤り（時間的に余裕を持った計画を立てていたか？）
③集中力の欠如（ダラダラと作業していなかったか？）

そして、STEP3。「同じミスをしないよう、再発防止の対策を決める」。

たとえば、「①想定外のアクシデント」の場合、2つの方向で考えられます。1つは「想定外のアクシデントが起こらないようにする」、もう1つは「想定外のアクシデントが起こった場合の余裕を持つ」です。

ここでクイズ。不慮のアクシデントへの再発予防として正しいのはどちら？

答えは、「想定外のアクシデントが起こった場合の余裕を持つ」です。

想定外のアクシデントは、これ以外のケースにおいても必ず起こるからです。

このケースでは「さらに30分の余裕を見込んでおく」が一般的な対応になります。

もちろん計画通りにいかない時もありますが、たとえ進捗が遅れても、バッファがあれば、なんとかなるものです。


重要なことほど、早めに締切を設定し、バッファを持つことをオススメします。


「②見立ての誤り」「③集中力の欠如」の対策についても解説をしておきましょう。

「見立ての誤り」については、次回からの所要時間に反映することで対応し、「集中力の欠如」については、ノイズを断つ（メールチェック、おしゃべりをしない）ことや、休憩を1時間に1回は取る、などで対応します。


最後に。計画通りに進まない時は、やりっぱなしにせず検証をすることです。

1週間を振り返り、なぜそうなったのかを翌週頭の朝までに検証してみてください。

そして、今週は何曜日までに、どこまで終わらせるのかを決めておくと良いでしょう。

これを繰り返していくうちに、時間管理の精度が高まっていくはずです。

「立て直し」を早くする

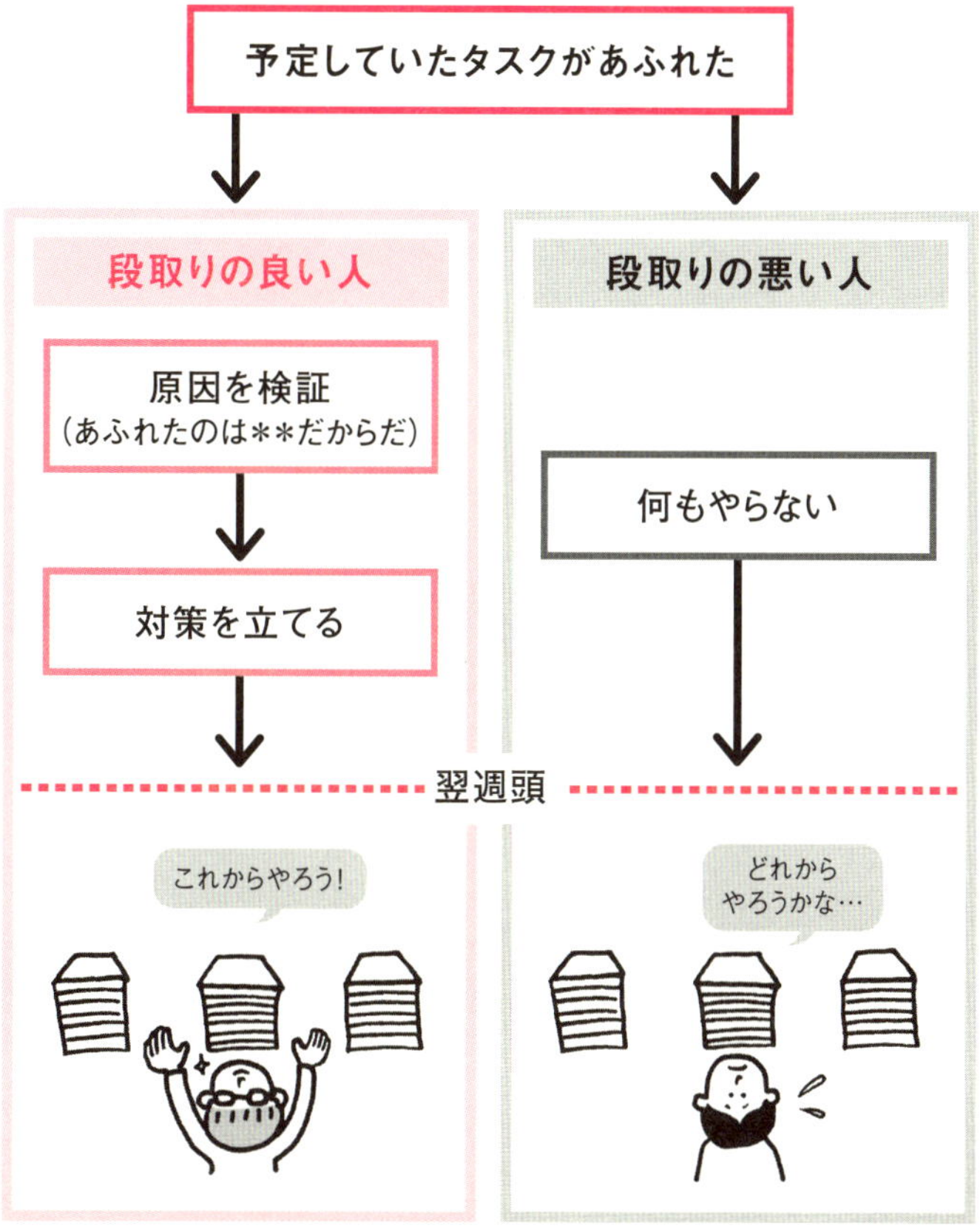

先週の振り返りができていると、
翌週、良いスタートが切れる!

Basic works of planning

23

複数仕事の同時進行は山場さえずらせば大丈夫

!

抱えている仕事を細かくタスク分けして
全体を俯瞰

1つ1つのタスクを細かく洗い出す

「どうすれば、複数仕事をうまく同時進行できるようになるのでしょうか?」といった相談をよくいただきます。

仕事が重なった時は、どうするか。抱えている複数の仕事のさばき方を漠然と考える前に、まずは1つ1つの仕事を細かく見ることが大切です。

私は次の流れでタスク管理をしています。

たとえば、マニュアル作成の仕事をいただいた場合。

STEP1：先方と交渉して「納期」を設定
STEP2：納期の合意を得たら、手帳に「締切日」を記入
STEP3：同時に、先方にマニュアルを提出する「マイ締切」の記入
STEP4：タスクを洗い出して、必要なタスクを確認
STEP5：手帳の予定を見ながら、先1カ月のタスクを整理

109ページでも言いましたが、スケジュールを立てる時は、作業を分解して、所要時間を設定し、余裕を持って進行できるように予定を組みます。

まず、STEP4のタスクの洗い出しは、次のようになります。

●先方への取材
●マニュアルの方向性を先方に確認
●問題がなければ作成へ
●全体の3割程度ができたら途中で確認
●問題がなければ完成に向けて作成

さて。先ほども言いましたが、タスクを出す時に注意することは何でしたっけ？

そうです。ここで大切なのは、**タスクを「マニュアル作成」とだけ漠然と書いてはいけない**、ということです。

タスクを細かく分けて1つ1つ目に見える形にしておくことで、いつまでに、何をどこまで達成しておかなければならないのかを意識できます。

次は、STEP5のタスク管理です。各タスクに所要時間を決め、タスク表に書きます。タスク表に書く日付は、実際の納期より早めに設定した「マイ締切」です。これも先ほど言いました。

「マイ締切」に間に合わない時は、計画を組み替えます。

締切日は絶対です。もし何らかのアクシデントで作業期間が短くなった場合は、締切日を遅らせるのではなく、タスクの総量を小さくして間に合わせる方法（たとえば、なくす、くっつける、順番を変える、もっと単純にするなど）を考えます。

そして、1つの作業だけ進める予定だったところを2つ同時進行するなどのように、計画を組み替えて対処するのです。

ガントチャートで調整

さて。ここからが本題です。

スケジュールを立てる時は、他の予定との兼ね合いも見ておかないといけません。できるだけ仕事の山場が重ならないように、ずらして予定を組むと良いでしょう。

複数仕事を同時にこなす時にオススメなのが、ガントチャートでの進行管理です。**ガントチャートとは、タスク、納期を明確にするもので、プロジェクトやタスクが、どの時期に、いくつ重なっているのかを知る目安になります。**

日付にタスク期間の矢印線を引くことで、それぞれのタスクがどのように動いているのかが、ひと目でわかります。多忙期や余裕のある時期が一目瞭然になるので、仕事の山場をずらす時に、とても役立ちます。

慣れないうちは、手書きでもかまわないのでザックリと書きながら整理すると良いでしょう。こうすることで、ヌケモレなく効率的に業務を完了できるようになります。

最後に、目の前の作業に追われないためのセルフ・クエスチョンを紹介します。

「今、いくつの作業を抱えている？」

「今週中にやらないといけない作業は、いくつ？」

「そのうち、今日の作業は？」

「その所要時間は決めている？」

常に、この質問を自分に問いかけると良いでしょう。

複数タスクの動きは「ガントチャート」で把握

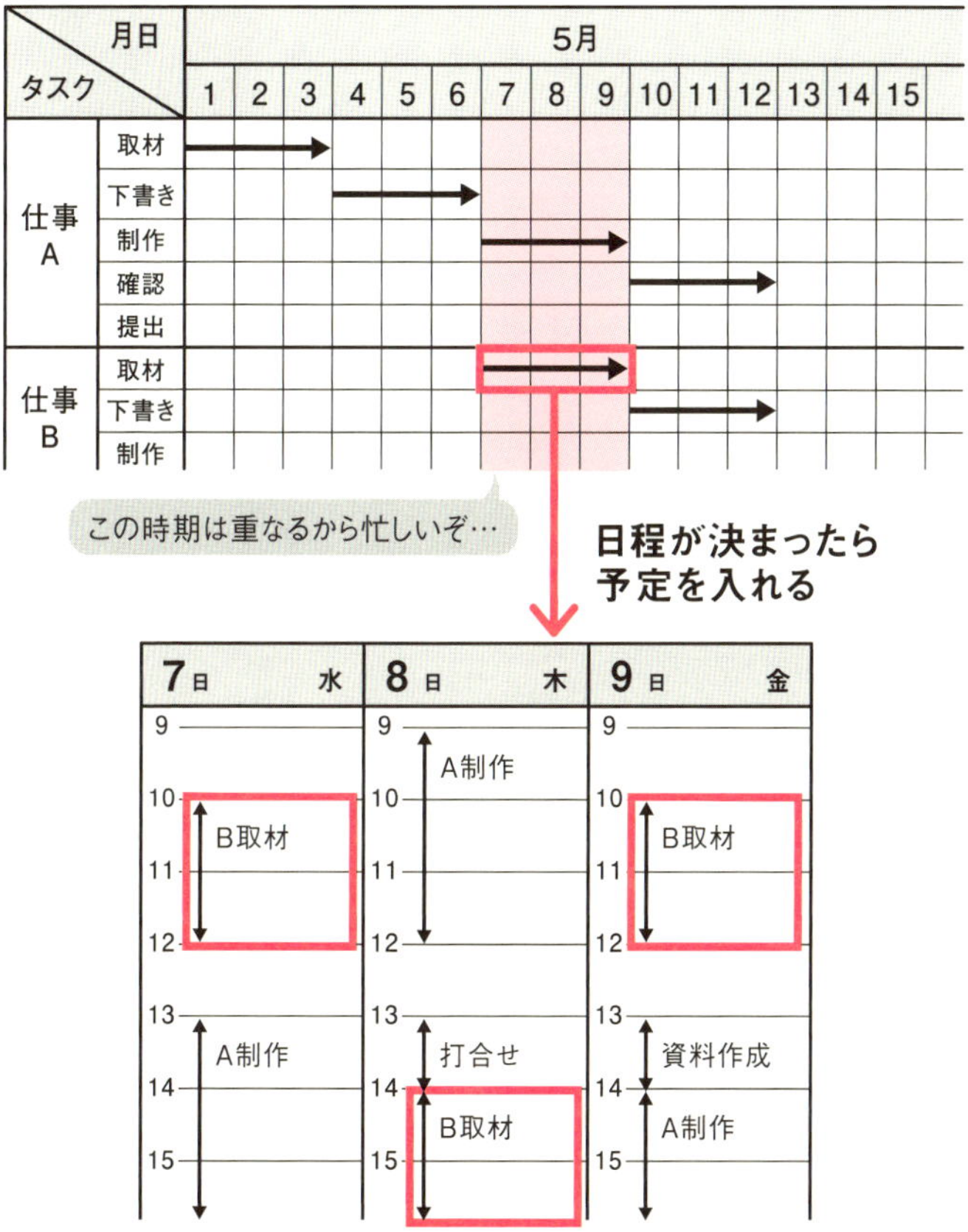

仕事の山場が一目瞭然

Basic works of planning

24

手帳を持ち歩く効果は、その重さを補って余りある

!

デジタルにはない紙の利便性

実際は小さめのペットボトルと同じ重さ

最新型の薄型タブレットの軽さに驚いたことはないですか。ラップトップPCと比較すると、あまりの軽さに感動するばかりです。

さて、ここで質問です。その軽いと言われる「タブレット」と、重いとされる「ちょっと大きめの手帳（A5サイズ※）」、どちらが軽いと思いますか？

変な質問だと思われたと思います。

でも、実はこういうこと。**圧倒的に手帳のほうが軽いんです。**

たとえば、A5サイズの能率手帳は240グラム（ウィークリーリングA5）。

ちなみに、タブレットの重さが450〜700グラム。手帳は、タブレットの半分ほどの軽さ、というわけです。

だから、「手帳って持ち歩くのは重くないですか？」の質問に対しての回答は、こうなります。

「小さなペットボトルと同じ」で、「タブレットの半分」くらいの軽さ。

※）A5サイズとは、14・8センチ×21センチ。カバンに入れて持ち運ぶ大きな手帳です。

これを重いと感じるかどうかは、あくまで主観ですので、断定はしにくいのですが、「小さなペットボトルでも、重くて困る」「この最新のタブレット、ちょっと重いな……」と思わないなら、手帳の重さは問題ではないでしょう。

何でも書き込み、安心して忘れられる

でも、なぜこれほどまでに手帳にこだわるのか？

それは、書くことで得られる効果があまりに大きいからです。

1つは書くことで忘れなくなるということ。

記憶を過信してはいけません。昨日打合せした内容なんて、25％しか覚えていないと言われます。書くと100％覚えている状態になります。

たとえば、5月にした打合せで「6月になったらセミナーの人数がわかるんだよね……」という話が出たら、6月の手帳の余白に「セミナー人数ＯＫ？」などとメモしておきます。そうすることで、うっかり忘れ防止のアラートになります。

余白は絶好のメモスペース

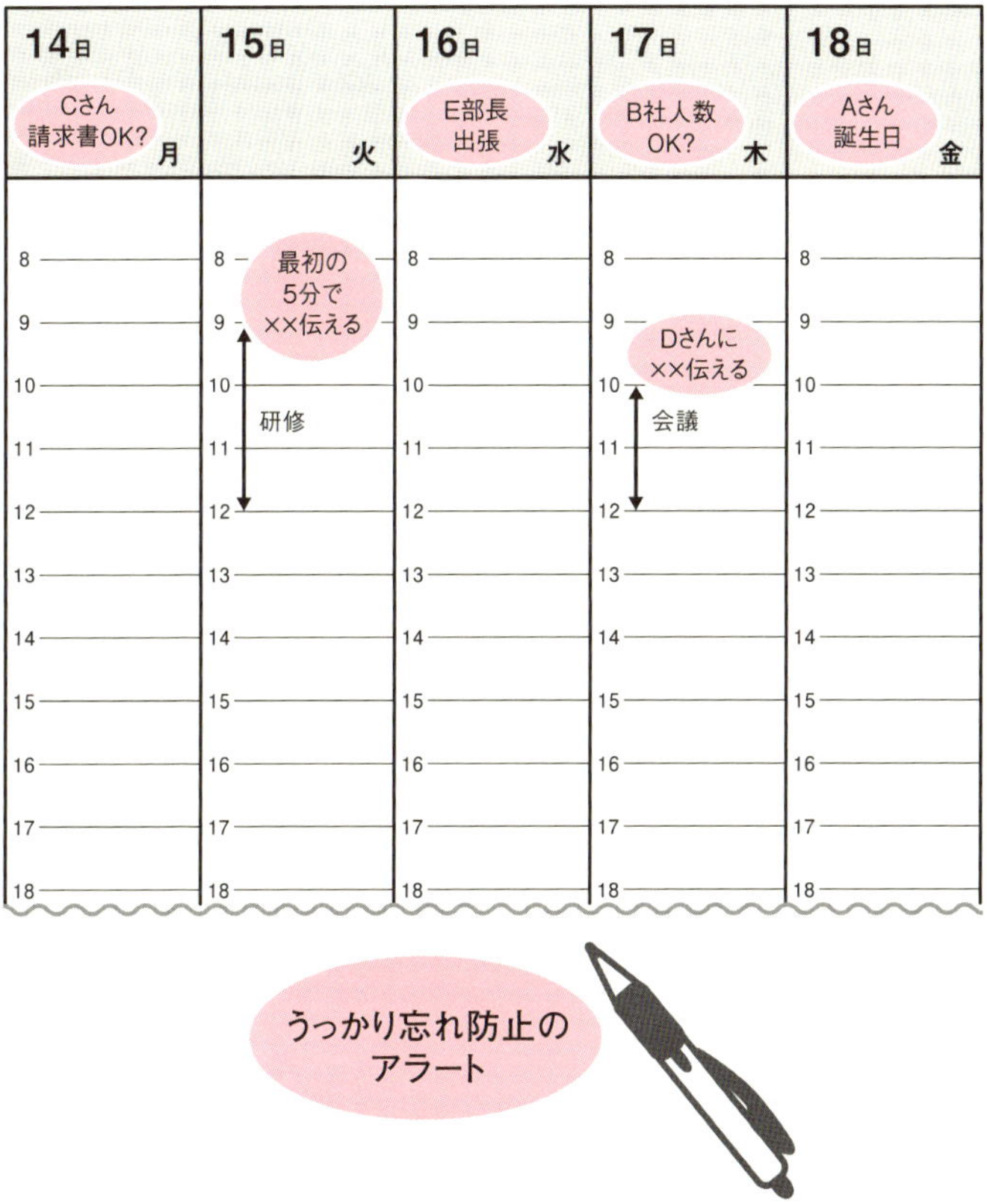

覚えておきたいこと、その場で
決められないことは欄外（余白）を活用

もう1つは、頭がスッキリする効果。

書くことでストレスが軽減されることは、心理療法でも実証されています（森田療法）。書くことで、頭の中を整理することができる効果は侮れません。

私も、使ってみて思います。

アナログ手帳の利便性は、やはり一瞬で数週間分を俯瞰でき、しかも書き込む際は、〝一瞬〟で〝感覚的〟に、時には〝図〟を添えて書き込めることです。


では、まとめましょう。

本当のところ、別にアナログでもデジタルでもどっちでも良いんです。

他のメンバーと予定を共有する必要がある人なら、デジタルのほうが便利でしょうし、共有する必要がなければ、アナログのほうが作業は速いでしょう。

大事なことは、「重いかどうか」ではない、ということ。

そして、加えるなら、「重さ」を理由に手帳を持たないという考え方は、「ミニペットボトルも重いので、のどが渇いていてもお茶を買いません」というくらいに、独特な理由に等しいと思ったほうが良いでしょう。

第4章

1分たりともムダにしない！時間の使い方

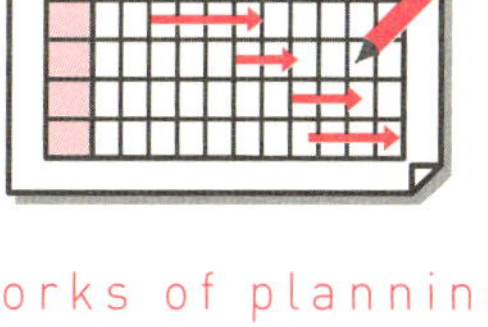

Basic works of planning

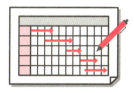

Basic works of planning

25

「この1分で何ができるか」考える習慣

!

お金持ちが「1円」をムダにしないのと同様に、「1分」をムダにしないから時間が貯まる

電車移動の数分も貴重な情報収集の時間

新幹線に乗っていて思うことがあります。状況に応じて、「普通車」と「グリーン車」を使い分けているのですが、気付くのは乗客の過ごし方の違い。

グリーン車に乗っている人が偉いというわけではないですし、別にイケている人だとも思いません。

ここで言いたいことは、時間の使い方が明らかに違うということだけです。見慣れた「片手にビール一息」「スマホでゲーム」、という人が少ないのです。

だいたい、PCを立ち上げているか、本を読んでいるか、会社の資料に目を通しているか、それともワインを片手に映画を見ている人か、そんな感じ。

彼らにしてみれば、移動時間は、デスクではできないことをするための時間なのでしょう。

本題に移りましょう。そもそも隙間時間は、どこに隠れているのか。そして、その隙間時間に何をするのか。

153ページをご覧ください。一例を紹介しましょう。

ここで申したいのは、ちょっとした時間もムダにしない姿勢が重要だということ。たとえば、電車での移動中とします。降車までは2分。ボーッと車窓の風景を眺めてしまうのはムダと彼らはとらえ、2分で何ができるかを考えます。

たとえば、観察にあてると決めたとしましょう。すると、「中吊り広告から、何かの潮流をつかめないだろうか?(ここの私鉄は週刊誌の中吊りがない。なぜだ?)」「スマホを触っている乗客の比率を数えてみよう!(6割か。何しているのかな?)」「本を読んでいる人は、スーツの男性ばかり。なぜだ?」……こんな感じ。

隙間時間を有効に活用する、そのわずか数分をムダにしない姿勢の積み重ねは、時間とともに、大きな差になっていると考えて間違いありません。

時間は「ある」ものではなく、「確保する」もの。電車やバスなどの移動中は、頭の整理をする絶好のタイミングです。

脳がリラックスしている状態なので、雑念に邪魔されず、落ち着いて頭の整理ができます。ここでの頭の整理が、結果的に残業を減らしてくれたりします。

ぜひ活用してください。

1分をムダにしない人の“隙間時間”活用例

- **待ち時間**

メール返信
電話
ネット予約

- **電車やバスでの移動中**

情報収集
スケジュール管理
文書作成

- **歩きながら**

音声で勉強
聞く読書

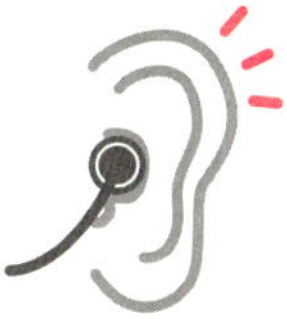

- **取引先の玄関で**

組織図を把握
内線を確認
成功のイメージング

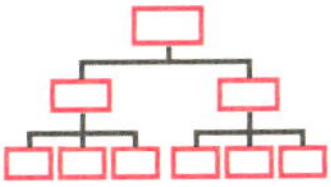

- **湯船に浸かりながら**

将来のビジョンを整理

たとえ1分でも、できることはたくさんある

Basic works of planning

26

ムダかどうかは、やめてみないとわからない

!

聖域を壊したい時は、
小さく「やってみる」のが正解

毎朝の会議を週2回に減らせないか?

ムダなことをするな、とよく言われますが、こう思うことはないですか?

「それが、わかれば苦労しない」と。その気持ち、よくわかります。

私は元々、営業マンでした。常に目標達成のプレッシャーを抱えながら、1日20〜30件を訪問していましたので、訪問を減らすことは「未達成」を意味すると考えていました。さらに夜遅くまでかかって作成した企画書のおかげで、大型契約をいただくこともあり、「何1つムダなことはない」、それが当時の私でした。


でも、目標が翌年には倍になり、その翌年にはその倍になり、そこでようやく気付きました。〝優先順位〟をつけないとダメだと。

2年で目標は4倍のアップ。同じやり方で頑張るなら、1日40時間かかってしまいます。体がもたないので、やむを得ず、やることを大胆に絞りました。

すると、時間内でしっかりと成果が上げられたのです。

改めて思いました。

どんなことにもムダはない、と思っていました。

でも、それは「経験にはムダがない」のことであり、**「段取り」については、ムダなことはムダでしかない**、と。

さて、話が長くなりました。これは、どんな仕事でも一緒でしょう。

第3章の「ムダを見つける方法（123ページ）」でタスクを3つに分類しても、ムダが見つけられなかったあなたへ、さらに一歩進んだステップを紹介します。

【ムダを見つけるステップ】

STEP1：まずは、思いっきりやってみる（やってみないとムダはわからない）

STEP2：やってみて、「成果に影響しない作業」を探してみる

STEP3：思いきってやめてみる（やめてみないとムダかどうかわからない）

では、STEP1を解説しましょう。

絶対にやってはいけないのは、やる前から「ムダ」かどうかを考えることです。

出社から退社までの作業を3つに分けてみると…

主　主作業
付随　付随作業
ムダ　ムダ作業

AM9　出社

- メールチェック　付随
- 煙草を吸いに喫煙所へ ← ムダ
- 企画書作成　主
- 企画書にアニメーションをつける ← ムダ
- A社への商談に向け電車移動　付随
- A社で商談　主
- 企画書のやり直しを命じられ再作成 ← ムダ

PM5　退社

3～4割がムダなことも少なくない

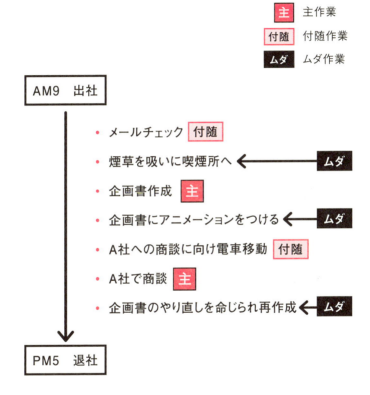

よく、新人社員に「やってもムダだから」という人がいますが、順番が違います。大事なことをも、そぎ落としている可能性があるのです。いわゆる「早く仕事をさばく」だけの人になる危険があります。

そもそも「さばく」と「段取り」は、似ているようで全く違います。違うのは目的。**「さばく」は、〝速く済ませること〟であり、「段取り」は〝効果的に成果を出すこと〟。**「ムダかも」の仮説は大事ですが、まずはやってみないと成果が出るかどうかは、わかりません。

なんとなくやっている習慣こそ疑う

私が研修や講演で紹介している方法なのですが、まずは「リーンスタートアップ」でトライしてみることです。

これは、新規事業を立ち上げる際に用いられる技能で、具体的には、アイデアが浮かんだら、理屈や不安は横に置いて「影響のない範囲で小さく実験」をし、その結果を検証してから、「どうするのか」を決める方法です。

私はこの方法で、

●事務所への出勤（↓改善策：直行直帰の推奨）
●朝の会議（↓改善策：毎日から週2回に）
●会議室に入っての打合せ（↓改善策：立ち話、もしくは電話で済ませる）
●肉厚な企画書作成（↓改善策：多くても4～5枚まで）

を捨てることができました。

やってみてわかることは、なんとなくやっている習慣にこそ、ムダはたくさん潜んでいるということ。

悩んだら「リーンスタートアップに従う」と決めれば、それだけでも、大胆な判断ができるようになります。まずはムダなことも含めてやってみることです。

ただ、**ムダを判断する期間だけは決めておきましょう**。期間はケースバイケースですが、成果の兆しが見えるタイミングであることが条件。その中で、最短で設定をしてみてください。

ここでは、仮に〝1週間〟と期間を決めたとしましょう。その間は、上司に理由を説明し許可をもらい、その期間だけは残業しても良しとします（いわゆる投資です）。

もし、あなたが新人ではなく、十分な経験があるようなら、そんな実験をせずとも、「今までの努力のすべてが実験」と発想を切り替え、すぐにSTEP2に移行してみてください。

優先順位の「点数」をつけるのは悪くない

STEP2は、「成果に影響しないこと」を見極めるステップ。

この実験期間中にやってみたことを書き出します。それらに対して、自分なりに点数をつけると良いでしょう。観点は「やめると成果が〝どれだけ落ちる〟か」です。

「成果」は〝今の成果〟でも良いのですが、長期的な観点も必要なミッションなら、1年後の成果の影響で考えても良いでしょう。

ここで、1つだけ注意点があります。点数のつけ方です。

「やめると不安」は横に置いておくことです。それを言い出すと、やめられなくなります。あくまで、あなたのミッションに対する「成果へのインパクト」で決めます。

たとえば、先ほどの私の例ですが、目標は4倍になりました。そうなると、優先順位を考えねばなりません。

●1年で10万円のご契約をいただけるお客様
●2年で1万円のご契約をいただけるお客様

どちらかを〝やめる選択〟をしなければならないわけです。

あなたならどちらを選びますか?

そうですよね。「2年で1万円のお客様」への優先順位が下がりますよね。

だとするなら、訪問先には指定せずに、電話に切り替えようとなるのです。

これがSTEP3。「思いきってやめてみる」ステップです。

少しドライに感じられたかもしれません。

でも、それは誤解。期待を超える仕事をすれば、それが満足につながります。

必要のない時に、必要のない頑張りをすることは、ムダでしかないと考えると間違いないでしょう。


必要以上の手間をかけることと、提供価値の大きさは、全く別です。

Basic works of planning

27

「キリが良いところ」は永遠にやってこない

!

バタつく人ほど残務への未練が強い

手帳に「終了時間」も書く

時間が迫る中、「このメールを送るまで……」「このレポートを書き終えるまで……」。

時間がきても、ついキリが良いところまでやろうと思ってしまうために、気が付けば、バタついてしまうことは、ありませんか?

アポイントに駆け足で行く人や、会議にギリギリで駆け込む人は、その直前に〝キリが良いところ〟まで粘ってしまう癖があるものです。

あまり格好の良いものではないですよね。

もし、そうだとしたら、直前の仕事の「切り上げ力」を高めておきましょう。

良い方法を紹介します。

【「切り上げ力」を高める方法】

①手帳に予定の開始時間だけでなく、「終了時間」も記しておく

②「時間がきたら、アラームがなる」ようにする

一例を紹介しますね。

たとえば、残務があり、ズルズルと残業をしてしまうことが多いなら、退社時間を決め、線を引いてしまうのがオススメです。

その上でアラームを設定しておくと万全です。

もちろん、**帰る時間だけはなく、1つ1つの業務の終了時間も決めておくと、さらに効果的**です。

これだけでも、「仕事の切り上げ力」は随分と高まります。

アラームをかけるのも良い

実は、私も、ついズルズルと残務をしてしまう癖がありました。

「まだ、できる。できるなら、やっておいたほうが良い」

「明日の朝のことを考えると、やっておいたほうが良い」

それが、残業を許す理由になっていたりもしました。

切り上げ力をアップさせるには…

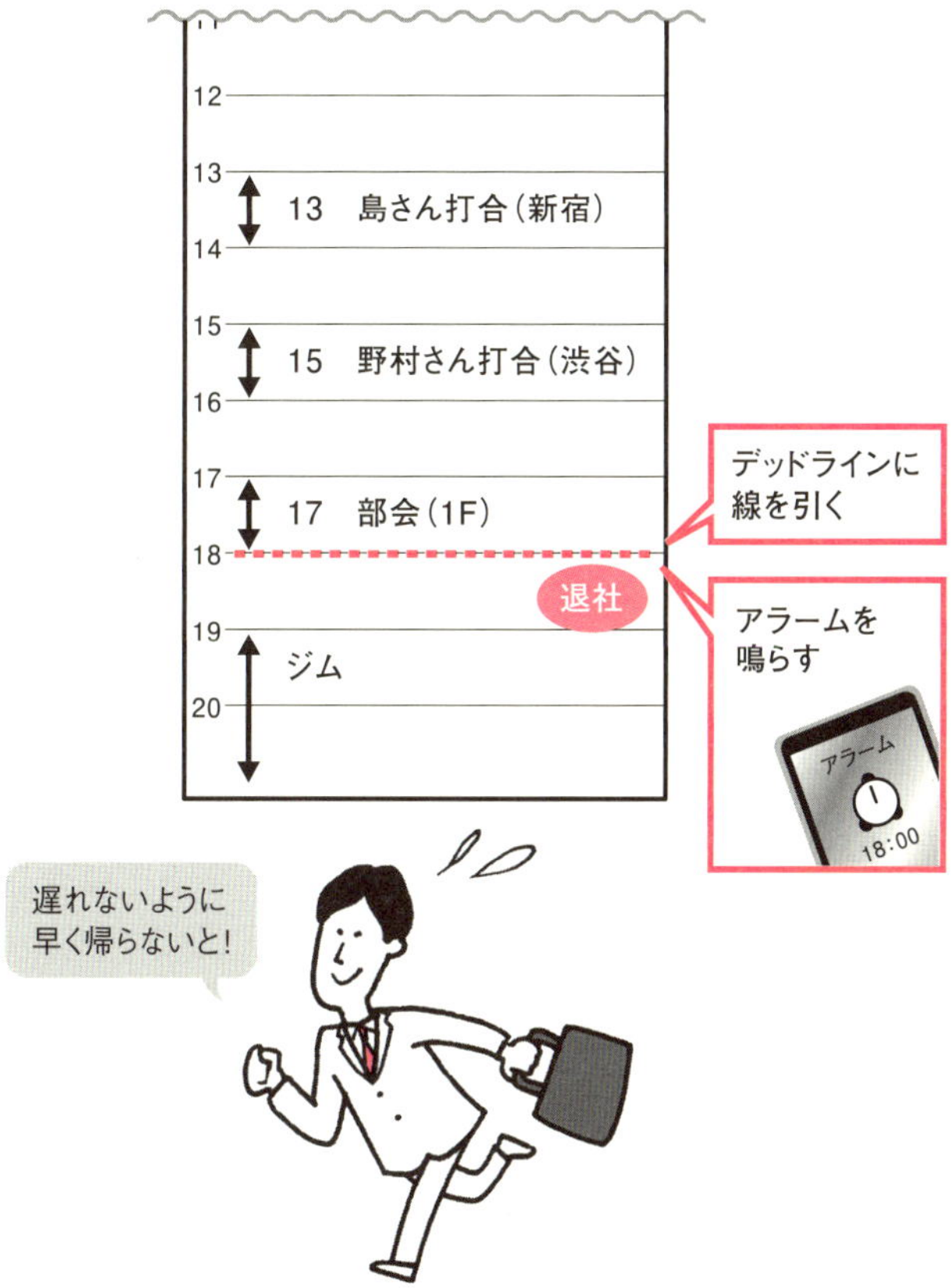

線を引いたり、アラームを使ったり。
物理的な力も借りよう

そこで、やってみたのがこの方法。

残務への〝未練タラタラ〟の私にも効果を発揮したものです。

意志で切り上げることが難しそうなら、この2つのことをやってみてください。

「手帳に予定の終了時間を記す」

「時間がきたら、アラームを鳴らす」

これだけでも、切り上げ力は高まるはずです。


ついでです。最後に1つ。

どうしても今日中にやらないと迷惑をかけてしまうものについては、どうするのか。

これは何が何でも、やりきらないといけません。

相手との約束は絶対です。

大事なことは、なぜそうなってしまったかを考え、二度と同じことはしないと誓うことです。

でも、**自分自身だけのことなら翌朝に回す**ことをオススメします。
理由は2つ。
自分との約束を守れない人が、人との約束を守れるはずがない。それが1つ。
もう1つは、朝のほうが集中力が高く、生産性が上がるからです。
ぜひ迷った時の参考にしてみてください。

Basic works of planning

28

面倒なことほど、先にやる。それで人生が変わる

!

「固定的なタスク」から片づけると、
余裕が生まれる

約束の時間に遅れる人の共通点

催促されることもなく提出物の提出を済ませ、もちろん会議にも遅れることなく、プロジェクトの進捗にも遅れを出さない。そんな絶対に時間に遅れない人、あなたの周りにいませんか?

一方で、時間に遅れる人は、いつも遅れます。

私の研修では、研修後にマンツーマンのフォローコーチングをすることがあるのですが、毎回のように遅れてくる人はいます。

ただ、その遅れる時間はおおむね1~2分。

聞くと、ギリギリで電車を1本、乗り過ごしてしまったと言います。

さらに、電車に乗る直前の作業を確認すると、ギリギリまでメールをしていたとも言います。

1~2分の遅刻をする人は、「忙しい」ことが理由ではなく、**その直前に何をしていたのか**に原因があるのです。

つまり、こういうこと。

時間に遅れない人は、「些細な〝固定的なタスク〟」から先に済ませ、1〜2分遅れてしまう人は「今、やりたいこと」から着手してしまい〝もうちょっと！〟とのめり込んでしまっている、ということ。

端的に言うと、**時間に遅れない人は、面倒なことはあえて、先にやっている**のです。

ちょっとわかりにくいかもしれませんね。

では、質問を1つ。朝起きた時を想像してください。

今日は出勤日の朝。さて、あなたなら、次の①〜③のうち、何から着手しますか？

①スマホを見る、もしくはテレビを観る
②洋服を選ぶ、もしくはネクタイを選ぶ
③靴を磨く（毎朝、磨く場合）

そう、正解は「③の靴磨き」です。

朝の作業で「もうちょっと…」とならない順番

1 自分自身がやらなければならないこと

- 洗濯

- 自分の身支度

↓

2 相手があってやらなければならないこと

- お弁当作り

- 朝ごはん

↓

3 今やらなくてもいいこと

- ベッドメイキング

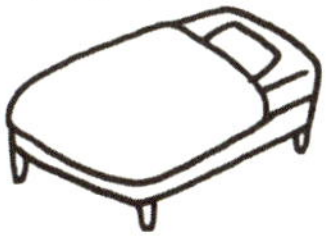

- 洗いもの

途中で切り上げやすい作業は後回しに

よく、「靴を磨く時間がなくて磨けない」と言いますが、正確には「靴を磨く時間を後回しにしたために、できなかった」となるのです。

ラクなこと、好きなことほど最後に

考えてみると、些細で面倒なことほど「時間が固定的にかかること」が多いと思いませんか。

時間調整をできないことが多いため、後回しにしてしまうと「やるか、やらないか」のゼロサムの選択を強いられるものが多く、「諦める」という選択になってしまうのです。

ついのめり込んでしまい、トータル時間がオーバーしてしまうのも、このためです。

一方で、「やりたいこと」は「時間を調整できること」であるのが多いもの。

たとえば、スマホをチェックする、ニュースを見る、ジョギングをする等です。

これらは調整できるので、後に回してしまい、締切に合わせて調整すれば良いのです。

さて、結論。難しく考える必要はありません。

ひとりでもできる、些細で面倒な、それでいて、やらなければならないことは、先にやっておくことです。

そうすることで、バタつくことはなくなり、時間に遅れることもなくなります。

「もうちょっとだけ……」と思った時は、〝マズい〟と思うようにすれば間違いありません。のめり込みを知らせるサインだと思って、早々に切り上げましょう。

Basic works of planning

29

資料作成はフォーマットでどんどん片づける

!

イチからではなく雛型からが基本

箇条書きやショートカットを駆使して文章入力を削減

実際のところ、残業のほとんどは資料作成によるものではないでしょうか。
まずは「文章入力」自体を削減する方法を紹介します。

①資料の「雛型」を作っておく

資料作成は、イチから作成するのではなく、雛型を準備するのが正解。先輩や同僚から、成功した企画書、レポートなどをもらい、それを雛型にすると良いでしょう。

②A4、1枚、箇条書きで済ませる

これは「資料の雛型」の応用。資料を加工して〝超〟シンプルな雛型を用意しておくと、構成、文章を考える時間を省くことができます。

③ショートカットを覚える

よくショートカットを覚えると入力がラクになると言われますが、実際に、どのく

らい速くなるのかをマウスで操作した場合と比較してみました。

ショートカットを覚えると、おおむね倍以上の速さになります。小さなことですが、積み重ねると大きな効果となります。

覚えるのが面倒だな、と思われるかもしれませんが、コピーやペーストなどの高頻度で使うものだけを覚えるのも良いでしょう。


次は、「ムダのない順序」で進める方法です。

詳細は後。まずは、全体のアウトライン（目次）から作成します。

先に文章を書いてはダメ。隙間時間などにスマホで「目次の項目」だけでも下書きをしてメールに送っておくのも良いでしょう。**デスクに座ってから考え始めていては時間がかかって、完成が遅くなります。**

さらに言うと、文章（内容）すらも外出先でスマホに入力し、外から自分のＰＣに送っておけば、イチから考える必要や文章を考える必要もなくなります。

フォーマットを準備しておけば、後はテキストを貼り付けるだけで済みます。

これらは、すぐにできることばかり。ぜひ、トライしてみてください。

資料を手際良く作成するには…

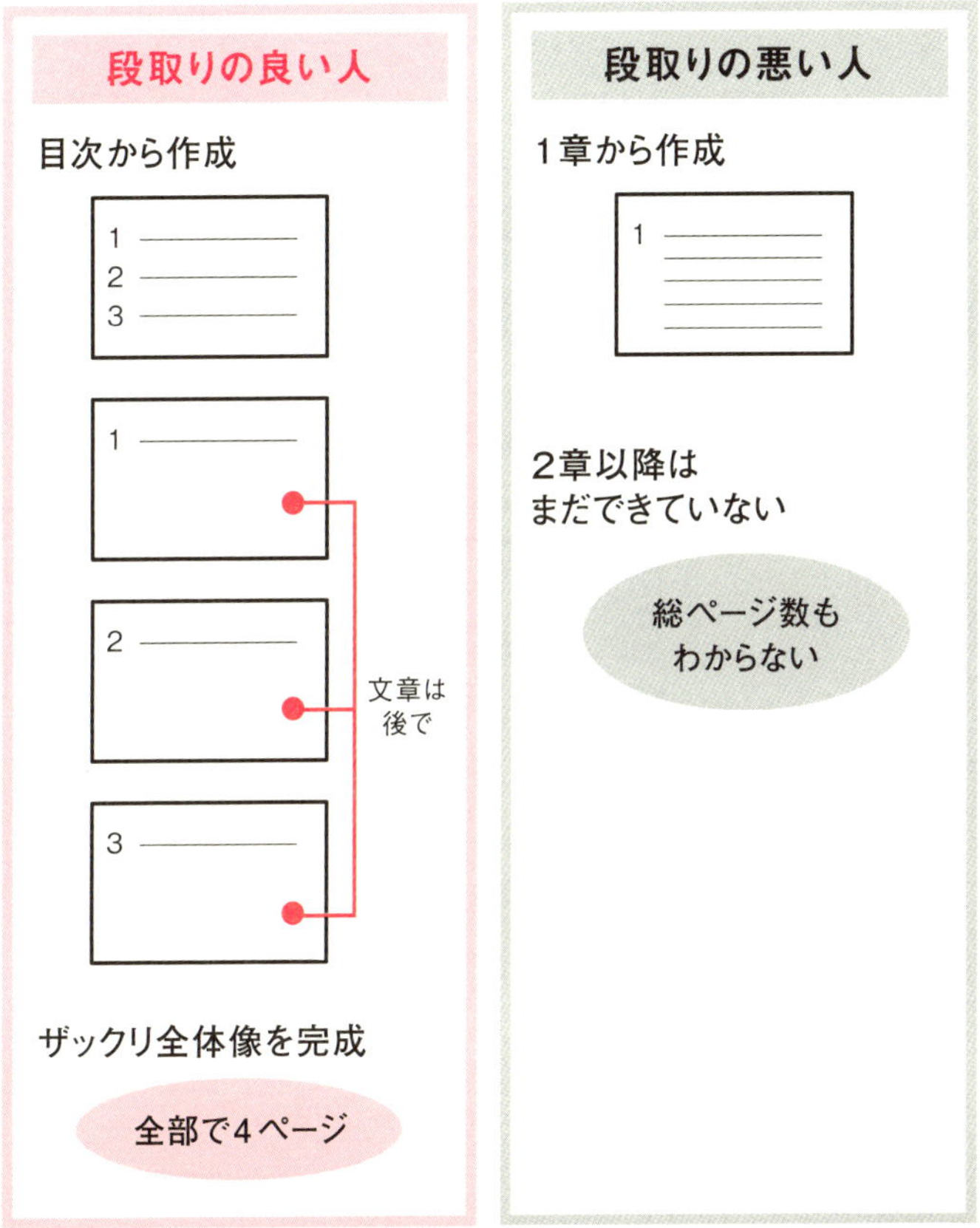

作業短縮、効率アップの方法を
考えながら作業する

Basic works of planning

30

メールは30秒以内に書くのが鉄則

!

文章入力の手間を省く工夫は
いろいろある

よく使う言葉は登録して一瞬で返信

意外と時間がかかるのがメール。短いメールでも、実は平均で5分かかります。
ここでは、メール作業を手際良く済ませるコツを紹介します。
まずは「文章入力」自体を削減する方法。
これは練習しなくてもすぐにできること。ぜひトライしてみてください。

①社内メールは「件名のみ」で済ませる

件名のところに「【件名のみ】営業会議　A会議室　15―16時」と書くだけ。
文章を入力する自分の手間が省けることはもちろん、読み手の手間も省けます。

②「単語登録」をしておく

よく使う「言い回し」は単語登録をしておきます。

登録しておけば、おおむね2文字を「変換」するだけで、文章が完成。文章入力の手間は急速になくなります。

③「定型文の登録」をしておく

よく使う「メール文章」は定型文として登録しておきます。

たとえば、「見積りの送付」「契約書の送付」「書類の送付」「お礼のメール」「確認のメール」等、日常的に作成することが多いメール文章を登録しておくと、新規作成する際に文書を入力しなくても〝一瞬〟で作成できるようになります。

しかも、メール1通を送るだけで悩んでいた「これで大丈夫かな?」「失礼じゃないかな?」といった心配もなくなります。

今まで5分かかっていたなら、30秒で済むでしょう。

次は、隙間時間に「音声入力」でメール返信する方法。

「音声入力」はメール返信でも積極的に使いたいワザです。隙間時間にメール作業を済ませることで、デスクでのメール作業から解放されますよ。

決まり文句は登録して使い回す

■ メール件名、定型文の登録例

【御礼】メールを頂き、ありがとうございます
【御礼】資料のご請求を賜りまして、誠にありがとうございます
【らしさラボ】テキストを作成いたしました
【らしさラボ】素敵な機会をありがとうございました
【らしさラボ】お見積もりを失礼いたします
【ご請求書】月末のご処理を鑑み、先に発送をさせて頂きました

■ 単語の登録例

「おせ」と入力して変換
➡「お世話になっております。**の**でございます。」

「おい」と入力して変換
➡「お忙しいところ、ありがとうございます。」

「いつ」と入力して変換
➡「いつもお忙しいところ、ありがとうございます。」

「ごふ」と入力して変換
➡「ご不明な点がございましたら、おっしゃってくださいませ。」

文章入力の手間だけでなく、
文面を考える手間もカットできる!

Basic works of planning

31

会議や打合せは10分の1に減らせる

!

集まる回数や時間にムダはないか

最小限の人数で、時には別室に行かずその場で

「ムダな会議ほど、時間をムダにするものはない」と、100人いれば100人がそう言います。

でも、職場からムダな会議が減らないのはなぜでしょう。

実は、**「会議の正しい進め方」**を踏まえていないからです。

ここでは、時短の観点に特化して、不可欠となる「会議の正しい進め方」を紹介します。

〈会議前〉

①そもそも、共有、報告の会議はやめる（↓改善策：資料配布で済ませる）

②参加者を増やさない（↓改善策：最小限の人数で実施。意見、質問をしない傍観者は呼ばない）

③内容によっては、わざわざ会議室に入らない（↓改善策：その場で済ませる）

④会議資料をコピーして配布しない（↓改善策：投影で済ませる）

〈会議中〉

①最初に「アジェンダ」「タイムテーブル」を明確にする

②上司が司会をしない（↓改善策：進行役を決める）

③必ず、タイムキーパー役を決める

④資料を読む時間をなくす（↓改善策：事前にメール配信をしておき、各自読み込んでくる）

こうすることで、会議がズルズルと延長することは予防できます。

会議で必須なのは時間厳守

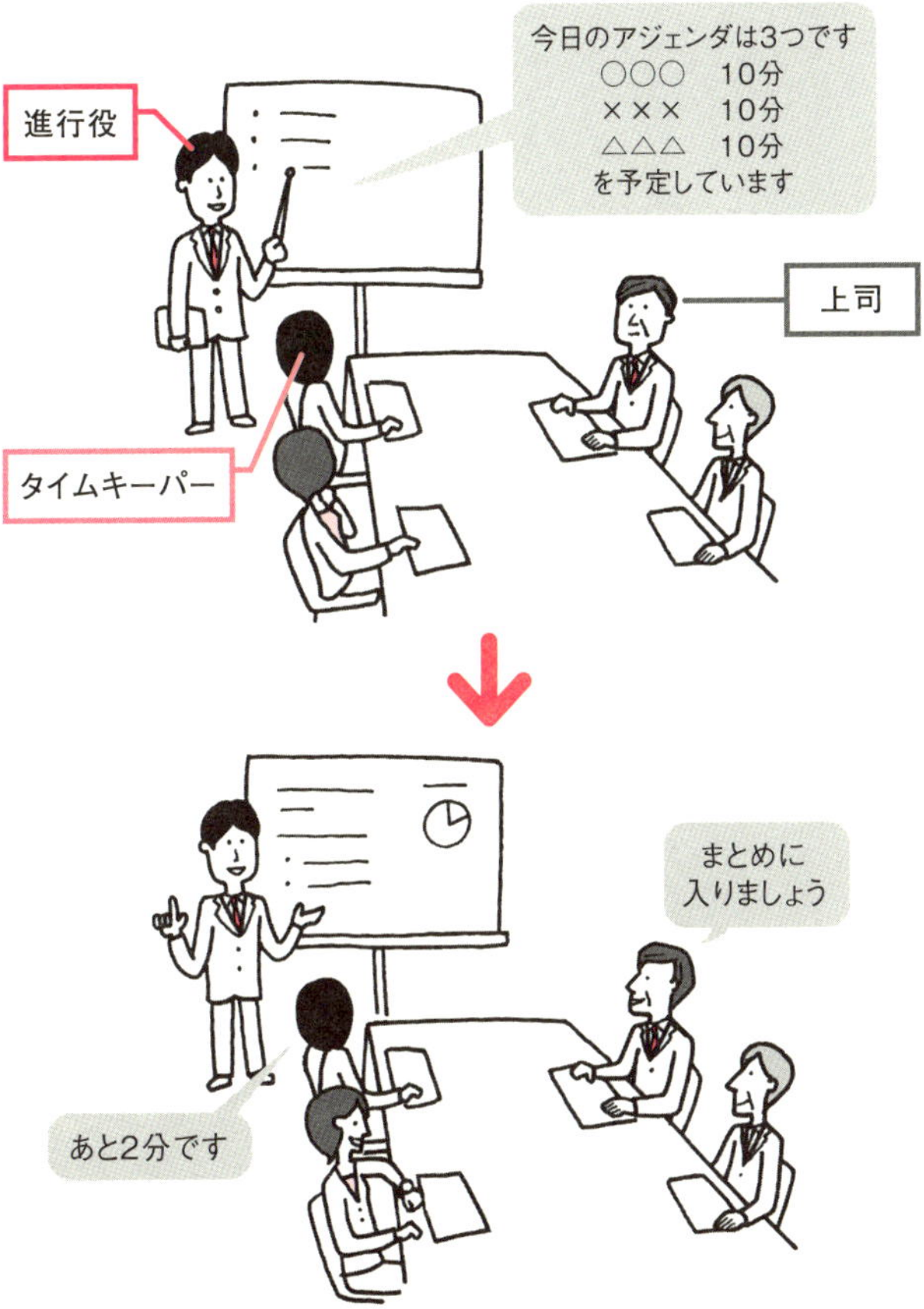

役割をしっかり分けて、
それぞれが役割を全うする

Basic works of planning

32

会社のデスクにいなくても、仕事はできる

!

集中できる場所で
一気にやったほうが効率が良い

カフェなど「集中できる」場所を見つける

働き方に対して先進的な企業では、在宅勤務や席が固定されないフリーアドレス制等が進んでいます。

でも、こう思いませんか?

「それって、先進的な会社のことでしょ。ウチの会社には関係ない……」と。

実は、違うのです。諦める必要はありません。

ここでは、時短を目的とした〝時空にとらわれない〟働き方を紹介します。

ただし、補足をさせてください。職場によっては、許されない場合もあります。できる範囲でトライしてみてください。

また、新人の方は、上司、先輩と相談をして進めてみてください。

まずは、「集中したい時は別の場所でやる」という方法です。

集中力を削ぐものを、心理学では「ディストラクター」と言います。電話、同僚の話し声等もディストラクターの一種。これらを避けることで集中力を高める方法です。

これは私も実感しています。デスクでやるより、別の場所でやったほうが明らかに作業は速くなります。やらない手はありません。

ただし、**デスクを離れる際は上司に報告**をしておきましょう。「資料作成に追われていまして、1時間半ほど集中したいので、席をはずしても良いでしょうか？　連絡いただければすぐに戻れる場所を探します」と、伝えておけば問題ありません。

「社内の使われていない会議室」「オフィス近くのカフェ」などの場所は定番です。

注意が1点あります。報告はしっかりとしておくことです。

私も失敗したことがありました。緊急案件の作業が舞い込んだので、デスクから離れ、オフィスの近くのカフェで作業をしていた際、事務所内で「伊庭さんは、どこにいる？　相談があるんだけど」となったのです。

「伊庭さんなら、カフェのオープンスペースで、気持ち良さそうにカフェラテを飲んでいたよ」と誰かが言ったものですから、後が大変……！

もちろん、それは誤解。

些細なことほど報告をするという原則を忘れていた私のミスでした。

デスクで集中できない時は…

- 電車で

- カフェで

- 社内の使われていない会議室で

周囲への根回しはしっかりと

時間・空間にとらわれない働き方

これは外勤職の場合ですが、ほとんどの場合、**事務所に立ち寄ることは時間のムダ**でしかありません。

もちろんミーティングは大事です。だとしたらTV会議などの社内システムがなくても、無料ですぐに使えるツール（「ハングアウト（※1）」「フェイスタイム（※2）」など）がありますので、それらを活用すると良いでしょう。

やはり、営業職の場合なら、朝の9時には、担当地域に到着する、もしくは1件目の商談のアポイントは入れておきたいところ。

1件目のアポイントが11時、なんてことは避けなければなりません。

もちろん、こんなツールがなくても、直行直帰は問題なくできます。できる範囲で、ぜひトライしてください。

「在宅」ではなくとも、「時間・空間」にとらわれない働き方はできます。前例や慣習がなくとも、ぜひあなたから、できる範囲でスタートしてみてはいかがでしょう。

※1）「ハングアウト」を使えば、10名までは無料で会議ができる。
※2）i-phoneの「フェイスタイム」は、登録も不要な上にすぐ使える。

第 5 章

これで仕事も
プライベートも
うまく回る！

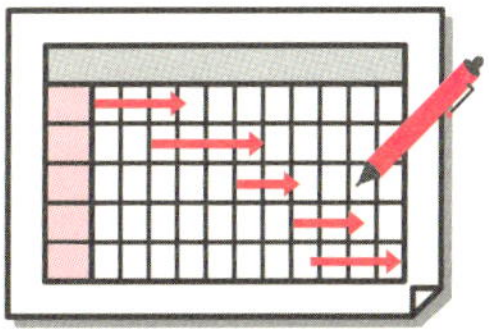

Basic works of planning

Basic works of planning

33

アポイントは先手必勝。選択権を相手に委ねない

!

時間に振り回されないよう、
時間への「主導権」を持つ

自分の予定に上手に合わせてもらう方法

人の要望に合わせることは決して悪いことではありません。

ただ、自分を犠牲にしてまで、相手に合わせすぎる必要はありません。

わかりやすいのはアポイントの調整。お互いが忙しい中で調整をするわけですが、ここで、大事なことは、相手にアポイントの選択権を委ねないことです。

キーワードは「先手必勝」。ステップを紹介しましょう。

【アポイント調整のステップ】
STEP1：まず、アポイントの合意をとる
STEP2：合意がとれたら、こちらから「3つの希望日時」を提示する

195ページの図の、段取りの良い人と悪い人の差を見ると、わかりやすいかもしれません。こちらから候補日を示すことについて、少し強引に思われたかもしれませんが、それは「伝え方の問題」です。

左ページの下は、私が実際に送っているメールです。

いかがですか？「なんだ、この無礼なメールは！」と思われました？

メールを始めて約20年。お叱りを受けたことはありませんので、大丈夫でしょう。


さて、ここでの注意は2つだけ。

1つは「恐縮」と「感謝」を伝えること。やはり、時間をとっていただくのは、相手にとっても負担なことには間違いありません。この気持ちは絶対に伝えるべき。

もう1つは、滅多にないケースですが、相手がＶＩＰ（滅多に会えない方）の時。

この場合は、相手から候補日時を待ったほうが良い、ということ。

たとえば、こちらが営業担当として、相手が従業員規模1万人の会社の社長だとしましょう。その場合は、〝意図的〟に候補日を待つほうがスマートです。

ただ、日常の打合せ、商用のケースであれば、先手必勝で問題ありません。

柔軟に相手に合わせることは必要ですが、必要以上に犠牲になるのは得策ではありません。**お互いが納得できる合意点に導くのも、段取りを考える上では重要です。**

先に都合の良い日を言ってしまう

3つの希望日時を伝えるメール文例

お世話になっております。
らしさラボの伊庭でございます。
勝手を申しますが、以下のご都合はいかがでございましょうか?
A:5/17(水)　10:00-12:00
B:5/18(木)　13:00-15:00
C:5/19(金)　10:00-12:00
ご都合が合わないようでしたら、おっしゃってくださいませ。
いつもありがとうございます。
よろしくお願い申し上げます。

言い方さえ気を付ければ失礼にならない

Basic works of planning

34

断り上手は仕事上手

!

代替策を用意すれば、
爽やかにNOと言える

頼まれ仕事で段取りがなし崩しに…

私見ですが、自分が考えた「段取り」は、多少崩しても良いと思っています。柔軟に対応すべきだと考えるからです。

ただ、「ついつい人の頼みを断れずに、いつも段取りがなし崩しになる……」というのは問題です。

柔軟に対応するというのは、相手への「やさしさ」によるものですが、**断れないのは、「やさしさ」ではなく「不安」によるもの**でしょう。

NOと言ったら、もう仕事を回してもらえないかもしれない、評価が下がるかもしれないという不安がそうさせます。

これって、何かに似ていると思いませんか。

そう、「パシリ」です。断ると仲間はずれにされるかもと思い、小走りで先輩のパンを買いに行く、あのパシリです。

悲しいのは、パシッたところで、周囲の評価は高まらないということです。
むしろ、逆です。
NOと言うべき時はNOと言う。
それが、自分の評価を高めることにもなるのです。

代替案を出すのがポイント

ただし、うまくやる必要はあります。
次のようにしてみてください。

【うまくNOと言う手順】

STEP1：いきなりNOとは言わない
STEP2：今は、受けられない事情があることを説明する（具体的な理由は言わなくても良い）
STEP3：代替策を示す

ちょっと、やってみましょう。

19時に友人との約束がある際、上司から「この資料を急ぎでお願いしたい」と言われたシーン。

上司「明日までに、このレポートをまとめてくれないかな？」

あなた「いかがされたのですか？　なるほど、このレポートですね。

そうか……、う〜ん、すみません。

実は、19時からどうしても断れない所用が入っておりまして……。

明後日までお時間をいただけると助かるのですが、いかがでしょうか？」

上司「そうか、了解。では、他にあたってみるよ」

あなた「すみません！」

いかがでしょう。

このことで、上司から低い評価を受けると思いますか？

まず、受けないでしょう。

上司はこう思うだけです。

「そりゃそうだよな……、他の人にもお願いして、ダメだったら自分でやろう」と。

1つ、追加。

いくら仕事だからといって、友人との約束をドタキャンするのは、信用をなくす最悪の行為です。絶対にやってはいけません。

やる時は、よほどの時だけです。

誰かが目の前で倒れたので助けなければならない、そんな緊急事態だけ。

仕事ができる人は、些細な約束であっても、必ず守ろうとします。

それが信用になり、好循環が回るからです。

断ることは悪いことではない

誘われてうれしい。
次も誘ってほしいことを伝えるのが大切

Basic works of planning

35

「自分がやったほうが速い」は間違った発想

!

ひとりで抱え込める量には限界がある

まずはもっと周りを頼ろう

なかなか人にお願いできない人は、だいたい、この2つに分かれます。

● 「自分がやったほうが速い」「説明が面倒だ」というタイプ
● 「お願いするのは申し訳ない」「遠慮してしまう」というタイプ

でも共通することは、どちらも「心のどこかで人を信頼していない」ということ。

先に結論を言います。

「怖がらずに、もっと〝人を信じる〟こと」

これが、他人にお願いできる人になれるマインドセットです。

まずは、「自分がやったほうが速い」と思っているタイプについて説明します。

たしかに、誰かに任せずに自分でやったほうが早く終わるかもしれません。

けれど、何度か人に任せることで、「今は未熟でも、その人が将来的に自分と同じくらいにできるようになる」とは、考えていないわけです。

もっと言うと、「自分のやり方以外は間違い」だと考えていることだってあります。


「遠慮してしまう」タイプについても考えてみましょう。

これも問題。「時間をとらせて悪いな」と思っているわけです。

でも本当に、そうなのでしょうか。相手がそのことを知ったら、「もっと気軽に頼ってよ」と思うことではないでしょうか。

少なくとも私の周りは、そう思っている人ばかりです。それがチームだからです。


この構造って、「嫁姑問題」と一緒だと思いませんか?

だって、任せられないのは、ちょっとした遠慮が問題を引き起こしているのと一緒。

なので、失礼を承知で断言します。「任せられない問題」は、「職場の嫁姑問題」と一緒だと。いわば、**「任せられない心理」は、職場不全を招く温床**だということ。

ぜひ、人に任せることにあえて積極的にトライしてみてください。

きっと、周囲の人は、それを歓迎してくれるでしょう。

つい自分でやってしまう人は…

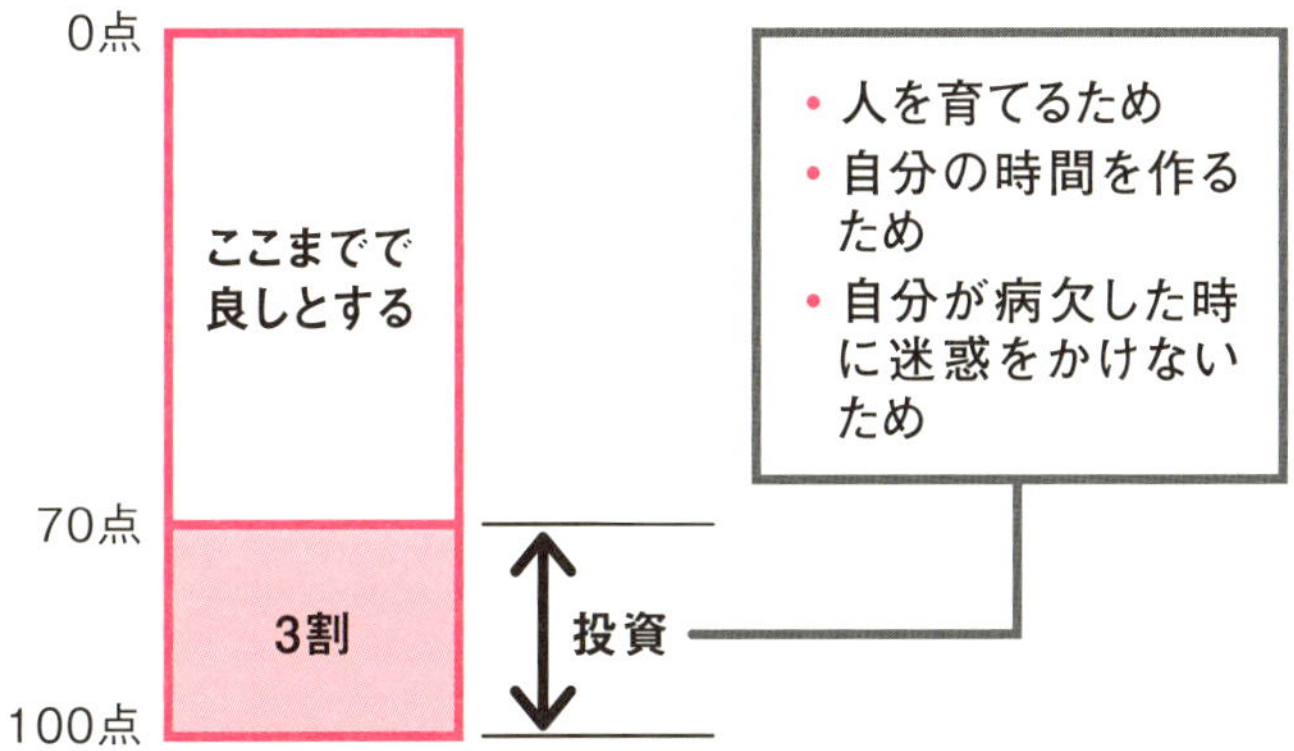

今は7割で良しとし、3割は「投資」と考える

Basic works of planning

36

うまくいっている時、人は学ばない。失敗こそ大チャンス

!

落ち込んだ時、
どう立ち上がるかが問われる

すかさず「対策のアクション」を手帳に書く

先日、生命保険業界で著名な、あるトップセールスの方とお話をしました。

お聞きすると、月に3日だけ稼働して、年収1億5000万円だとおっしゃるのです（年商はもっとあるようです）。

これには、私も驚きました。

聞くと、そこにはトップセールスとしての卓越した段取りの良さ、そして知識があるのはもちろんなのですが、そうなるための秘訣を伺った際に、こうおっしゃったのです。

「実は、うまくいっている時は、成長していないんです。営業はうまくいかないことのほうが多い。失敗こそが成長につながるんです」と。

これは、いわゆる成功している人が、よく口にする共通するセリフです。

つまり、こういうことではないでしょうか。

成功する人は、失敗を成長の糧、つまりポジティブなことに変え、成長しない人は、失敗を封印してしまう、ということ。たとえば、お酒や娯楽に走ってしまうとか……。

実は、失敗を味方につける簡単な方法があるのです。

それが、「失敗して落ち込みそうになったら、すかさず〝対策のアクション〟を手帳に書く」です。

これは、私もやってみて気付いたことなのですが、**いかなる失敗もポジティブなものに変えることができます**。

昔のことですが、アメリカから来られた方を相手にプレゼンをする機会がありました。プレゼンターは私の先輩。私はアシスタントでした。

私以外の方は、英語がペラペラ。

一方、当時の私は英語が苦手で、全く太刀打ちできませんでした。

誰もが思ったかもしれません。

「伊庭は、人選ミスじゃないの？」と。

ここで落ち込むか、落ち込まないか、そこが分かれ目です。

うまく英語が話せない…と落ち込む前に

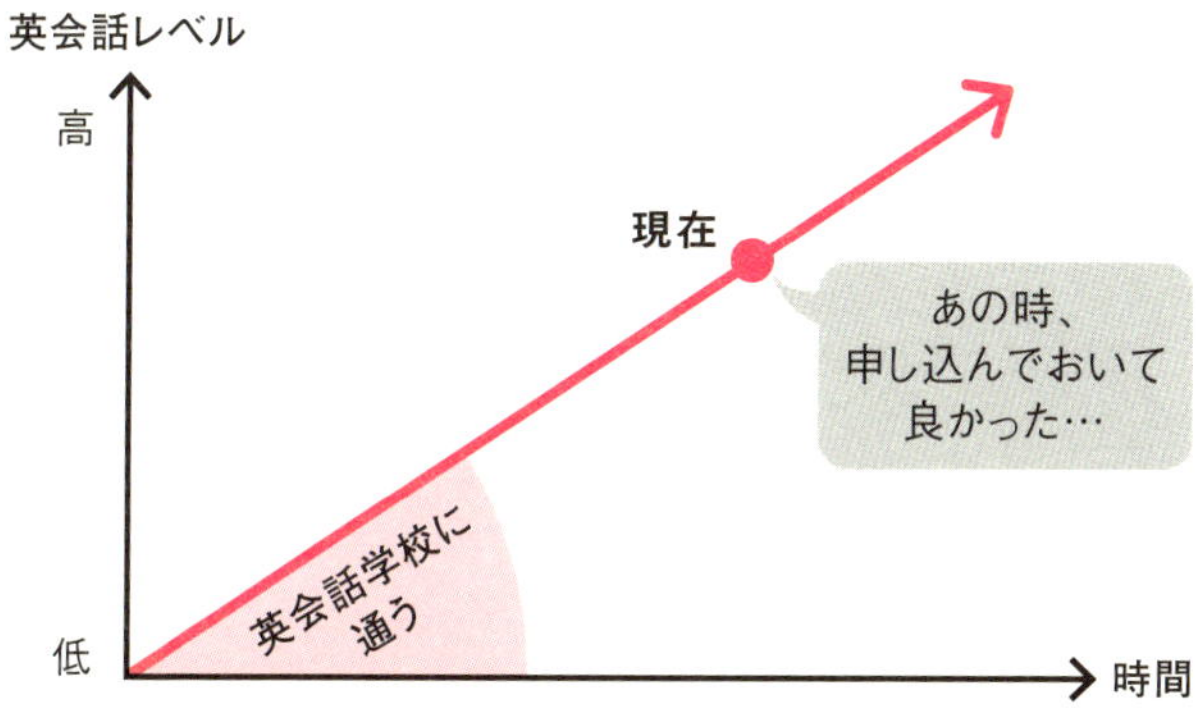

現状を改善するための対策をとる!

そのなんとも言えない気持ちになっている、まさにその瞬間にこう書き留めました。

「英会話学校を探す」「英会話学校に入る」と。

そうすることで、問題はバネへと変わり、もちろん気分は随分と変わります。

不本意な異動をバネに最高の結果を出す

こんなこともありました。

会社員の時は、希望しない人事異動をうけることも、ありました。

人事異動には3つの種類があります。期待を込めてのステップアップの異動、人員不足に伴う調達の異動、適材じゃなかったための異動です。

21年も会社員をやっていましたので、すべての種類の異動を経験しています。

やはり、ツライのは適材じゃなかったと判断された場合。


この場合、選択肢は2つに分かれます。

これを**飛躍につなげるか、クサるか**です。

この時は、こう考えました。「1年は耐え、2年目で最高の成果を出す」と。

おおむねそうなるから不思議です。

そして、振り返ると、ツライ異動のほうが、自分にとって成長の糧になっていたりするのです。

追い風より、逆風のほうが飛行機も上昇気流に乗りやすいと言いますが、まさに人間もそうだと実感します。

うまくいかない時や嫌なことがあった時ほど、すかさず〝対策のアクション〟を決めることです。その失敗はバネとなります。

現実逃避するよりも、間違いなく負担のないラクな対策です。

Basic works of planning

37

10年後、何歳か考えたら、残業している暇はない

!

責任感から残業していると、
自分の時間がどんどんなくなっていく

「今しかできないこと」はたくさんあった!

「まぁ、残業や休日出勤をしても苦痛でないなら、それはそれで良いんじゃない……?」が、許されない時代になりました。

なぜだと思いますか?

「すべての従業員が、長く働ける会社にするため」です。

もはや、生活を犠牲にする働き方を強いる会社は、見切りをつけられる時代になりました。当たり前のように、ズルズル残業する人がいる会社は、従業員に見切りをつけられる、というわけです。

……なんてことを言われても、ピンときます?

なかなか難しいのではないかな、と思うのです。現場は忙しいですしね。

ここでは、別の切り口で提案をします。

あなたの**「今しかできないこと」を考える視点**です。

残業をやめることが、とても重要なことに気付ける方法です。手順を紹介します。

【今しかできないことに気付ける手順】

①「今、やりたくても、できていないこと」を紙に書いてみる

②「今までの10年、これからの10年」を「西暦と年齢」で書いてみる

少し説明が必要ですね。次ページの図をご覧ください。このように、紙に書きます。
ポストイットでも、ノートでも何でもかまいません。
これからの3年や5年なんて、あっという間であることに気付きます。
やるなら、「今でしょ！」と、なるわけです。

残業しないのは同僚や後輩のためでもある

1つ例を紹介しましょう。あるベテランの薬剤師さんのお話。
名前はAさん。調剤薬局の中心メンバーです。
そのAさん、残業は当たり前で、時には休日出勤をする人でした。
会社は、Aさんにこう伝えていたそうです。

今しかできないことはなんだろう?

**やりたくても
できていないこと**

- 結婚
- 親孝行
- ボランティア再開

仕事以外にも
いろいろあった…!

↓

**前後10年の
「暦」「年齢」**

(西暦)	(年齢)	(西暦)	(年齢)
2008	19	2018	29
2009	20	2019	30
2010	21	2020	31
2011	22	2021	32
2012	23	2022	33
2013	24	2023	34
2014	25	2024	35
2015	26	2025	36
2016	27	2026	37
2017	28	2027	38

↓

思った以上に時間はない!

時間の大切さが浮き彫りになる

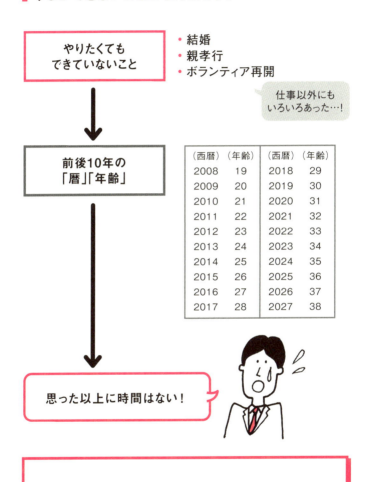

「これからは残業削減の方針なので、仕事を分担して早く帰るようにしてほしい」と。
でも、Aさんの残業は全く減りませんでした。
会社から言われているにもかかわらずです。
なぜだと思いますか。
「しっかりと責任を果たしたい」、それがAさんの答えでした。

さて、そんなAさんが、今では率先して早く帰るようになったというのです。
しかも、有給もしっかりとるようになったのですから驚きです。

きっかけは、**1枚のポストイットに、メモを書いた**ことでした。
それが、この「やりたくても、できていないこと」だったのです。
そこには、こう書かれていました。

●甥っ子と思う存分に遊んでやりたい
●家でお母さんと一緒に食事を作りたい

●学生の頃にしていたボランティアをもう一度、やってみたい

Aさんは一念発起します。思いきって早く退社し、これらの願望を実践したのです。すると、Aさんは、2つのことに気付いたと言います。

●今しかできないことに、目を向けていなかった

●Aさんが早く帰ることで、他の人も早く帰れるようになった

上司や先輩が残っているから帰れないと、言われることがあります。ひょっとしたら、あなたが残っていることで、気を遣わせている可能性も十分にあります。

残業をやめるのは、自分のためでもあり、同僚のためでもあると考えると、「残業も休日出勤も、そこまで嫌じゃない」という気持ちも変わるのではないでしょうか。

Basic works of planning

38

今日から毎日、10分早く帰ってみよう！

！

ゆとりの時間は誰にでも手に入れられる

少しの工夫でクリアできる目標

「忙しいのに、時間短縮なんてできるわけがない」

現場の忙しさを考えると、そう思いたくもなります。

そんな時、実はオススメの方法があります。こう考えてみるといかがでしょう。

「今日、10分だけ早く帰ってみる」を繰り返す。


そもそも、何を捨てて良いかわからないから困るわけです。でも、10分ならできそうな気がしませんか。

メールの文章を短くする、そんな工夫でできる範囲です。

もし、クリアしたら、翌日も10分の短縮にトライしてみる。クリアできなければ、「どうすれば良かったのか」を考える。そして、トライしてみる。

まずは、ここからでOK。それが大きな一歩となります。

これ、真剣に言っています。というのも、こんな話があるからです。

ある派遣会社の話。

私も人材ビジネスに携わっていたので、いかに派遣業界が忙しいかを知っています。

その会社も、4年前までは、長時間残業が当たり前でした。

今、どうなったと思います？

1時間も残業をしていないと言うのです。長くても数十分。

しかも、業績は、過去最高益に近く、絶好調。


事業責任者に伺うと、こういうことでした。

「**特に何をしたわけでもないんです。その都度、できる工夫を重ねただけです。**『これ、こうしたらもっとラクになるんじゃない……？』そんな感じです。ホントに」

そして、こんなことを付け加えられたのです。

「さらに最近は時短が加速してきて、気が付けば、いよいよ残業ゼロになりそうです」


つまり、こういうこと。最初から頑張る必要はない、ということ。

まずはできることから始める

- 10分だけ早く帰る

- 所要時間を決めてから作業する

- 上司への報連相をマメに

- うまく断る

習慣にできれば、いつの間にか
理想が現実になっている!

いきなり大きなことをやるのは難しいけれど、まずはできることから始める。

それが習慣となり始めると、工夫が加速し始め、気が付けば大きな成果となる。

まず「今日は10分早く帰る」と決めることが、あなたの歴史を変える一歩なのです。

繰り返すうちに、いつの間にか残業ゼロに！

最後に1つ。私がどうしても言いたいことがあります。

「ゆとりのある生活に憧れるけど、自分には無理」と絶対に考えないことです。


そもそも、なぜ無理なのでしょうか？

その理由を論理的に説明できるなら、そうかもしれませんが、ほとんどの場合、「本気で考えていない」か、「三日坊主で中途半端になってしまう自分を許している」からだと私は思っています。

なぜ、そこまで言えるのか。昔の私がそうだったからです。


それでも難しそうと思うなら、まずは「10分だけ早く帰る」、これを本気でやってみませんか?

3日できたら、またその次の1日もトライ。

それができたら、1時間は短縮できます。翌週までやれば、2時間の短縮。

もし、やりきったら、生活は激変します!

いきなり大きなことをやらなくても、まずは小さなことをコツコツと。

これが大きな成功を手に入れる鉄則です。

〈著者紹介〉

伊庭正康（いば・まさやす）

◇－1991年リクルートグループ入社。営業職としては致命的な人見知りを4万件を超える訪問活動を通して克服。その後は、プレイヤー部門とマネージャー部門の両部門で年間全国トップ表彰4回、累計40回以上の社内表彰を受けた。営業部長、㈱フロムエーキャリアの代表取締役を歴任。

◇－2011年、研修会社㈱らしさラボを設立。リクルートで学んだ「圧倒的な当事者意識」を持つことや「期待に応えるだけではなく、期待を超える」ことの大切さ、「短時間で成果を出す方法」などをメインテーマに、リーディングカンパニーを中心に年間200回を超えるセッション（営業研修、営業リーダー研修、コーチング、講演）を行っている。

◇－徹底的な効率化と圧倒的な成果を両立する時短術には定評があり、日経ウーマンや日経アソシエなど多くのメディアで紹介されている。

◇－著書に、『強いチームをつくる！リーダーの心得』『絶対に残業しない人の時短（しごと）のワザ』（ともに明日香出版社）、『会社では教えてもらえない 仕事が速い人の手帳・メモのキホン』（すばる舎）など多数。

「読者特典メルマガ」
http://www.rasisalab.com/mailseminar

会社では教えてもらえない 残業ゼロの人の段取りのキホン

2017年7月18日　第1刷発行
2017年7月28日　第2刷発行

著　者――伊庭正康

発行者――徳留慶太郎

発行所――株式会社すばる舎

東京都豊島区東池袋3-9-7 東池袋織本ビル　〒170-0013
TEL　03-3981-8651（代表）　03-3981-0767（営業部）
振替　00140-7-116563
http://www.subarusya.jp/

印　刷――株式会社シナノ

ISBN978-4-7991-0622-8